魚食から文化を知る

——ユダヤ教、キリスト教、イスラム文化と日本——

平川敬治

鳥影社

はじめに

魚食から文化を知るというテーマ、あるいは副題の宗教の羅列に首を傾げる人は多いかもしれないが、魚食は文化を探る上で大きなキーワードの役を果たすものではなかろうか。

さて、日本人はキリスト教というとヨーロッパ世界のものと考えがちだが、生まれ育ったのは東アジアの日本と相対する西アジア地域であり、ここは古代オリエント文明の地でもあった。

この地域では、神々を祀る神殿を中心とした都市生活が誕生し、記録を残すための文字が生まれ、ムギを栽培する食料自給の農耕が始まった地である。それと共にヒツジ、ヤギ、ラクダを飼って暮らす遊牧の世界が営まれている。

そうした中で、キリスト教のベースとなったユダヤ教は都市生活から生まれたものではなく、ヒツジ、ヤギなどの家畜を飼って暮らす遊牧の生活から誕生した。これは文化を理解する上でとても重要なことである。歴史的にはキリスト教はユダヤ教から生まれ、後にイスラムも誕生した。この地域で生まれ育った三つの宗教は、同一の一神教の系譜につながる。ベースとなるユダヤ教の聖典が「聖書」となっている。

ところでキリスト教がユダヤ教、イスラムと違うのは今日のイスラエルのガリラヤ湖周辺で布教が行われ、イエスの弟子の多くがガリラヤ湖で魚を獲り生計を立てていた漁師であったことだ。生まれ、育ちは「湖の宗教」「漁師の宗教」ともいえる。後にイエスが語った言葉はキリスト教としてヨーロッパ世界にも広がっていき、古代ギリシア神話と共にその後のヨーロッパ世界の精神的バックボーンとなっていった。

私は一九八三年にこの地域に初めて足を踏み入れることができた。一九九〇年からは幸運にもイスラエルのガリラヤ湖東岸、エン・ゲブ「En-Gev」遺跡の発掘調査に従事し、主に生業関係の調査を担当、人と魚との関係について知見も得た。その後、エジプト、トルコ、ヨルダンなどを含め、ヨーロッパ各国の漁撈関係の歴史資料を今日まで調査する機会を持つことができた。

本書では魚と人との関係を、従来あまり紹介されていなかった西アジアのユダヤ教と古代オリエント世界、イエスが活躍した今日のイスラエルの地から見てみる。そして、関連を見る上でイスラムの世界にも触れ、キリスト教が広がったヨーロッパ世界について話を進める。水界に接している地域においては、人と魚との関わりもまた強い。

最後に東の日本についての話をしたい。戦国時代に宣教師フランシスコ・ザビエルによってキリスト教は日本に伝えられ、一神教の影響は遠く日本にまで及んでいる。もちろん、それ以前の日本の魚食もあるが、今日まで日本文化にも少なからず影響も及ぼしている。お互いの交渉の中で生まれ、相互に影響しあった面もあるし、日本固有の発想も見られる。日本的な面から考えて解決可能な問題もある。

　本書は魚を獲り、食として利用し食べるという、人と魚の関わりということに重点を置いたものので、その背後にある宗教も文化の一つとして考えていこうとするものである。その点で、魚食を軸にして探訪する比較文化の話と思ってもらいたい。文化のダイナミズムを感じてもらえたら幸いである。

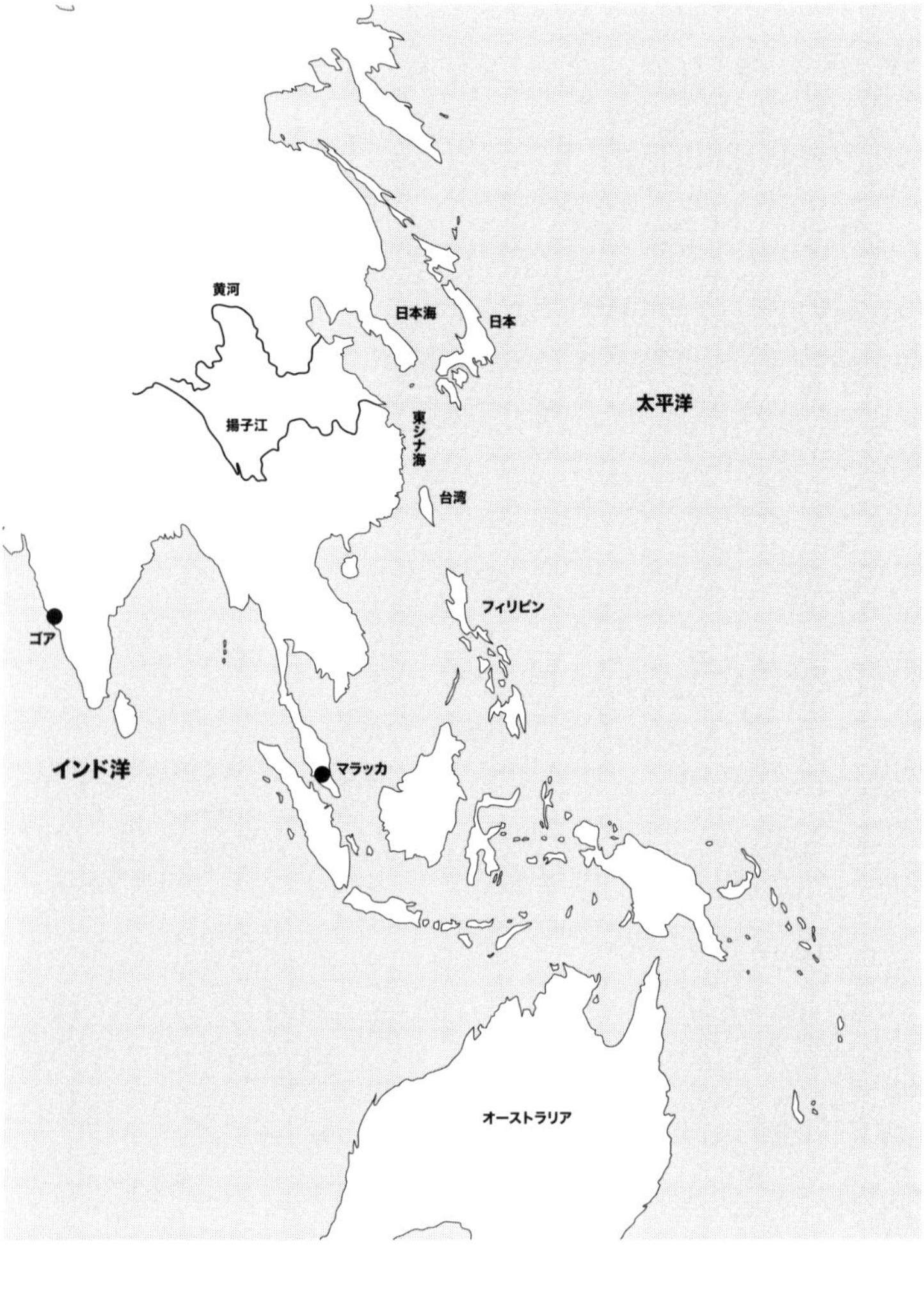
黄河
日本海
日本
揚子江
東シナ海
太平洋
台湾
フィリピン
ゴア
インド洋
マラッカ
オーストラリア

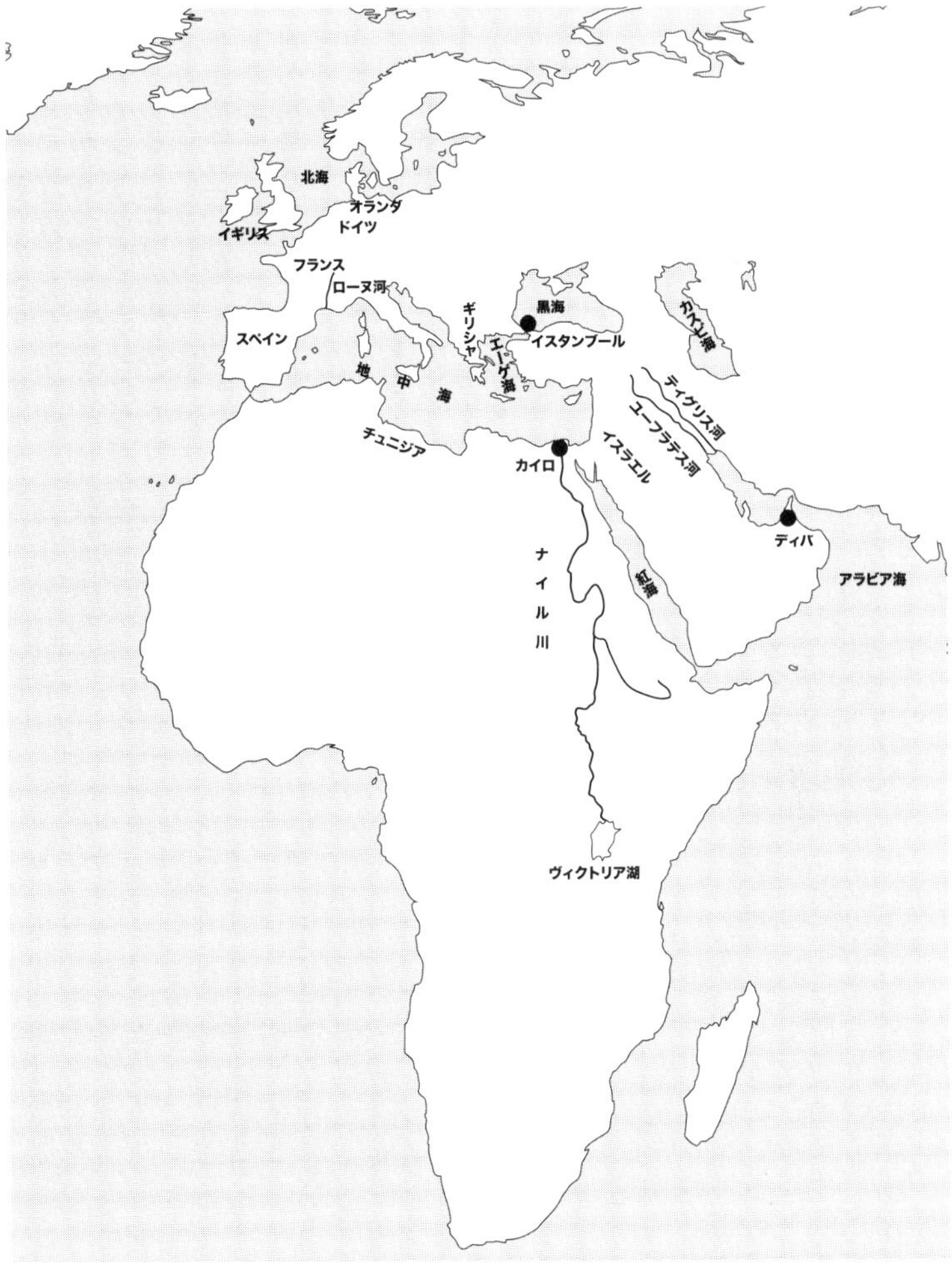
北海
オランダ
ドイツ
イギリス
フランス
ローヌ河
スペイン
ギリシャ
エーゲ海
黒海
イスタンブール
カスピ海
地
中
海
チュニジア
カイロ
イスラエル
ユーフラテス河
ティグリス河
ディバ
アラビア海
紅海
ナ
イ
ル
川
ヴィクトリア湖

本書での主な地域

目次

Ⅰ　西アジア世界の魚文化

――キリスト教誕生の地の魚と漁

キリスト教が生まれた西アジアの地において、魚を獲って食べるということに関して避けて通れないのが宗教的制約であろう。ユダヤ教、キリスト教、イスラムと繋がる一神教の系譜は程度の差こそあれ、魚を含めて食生活の上でも独自な規制を持ち、生活を律する宗教であることが知られる。

それは、彼らの信仰の拠り所とする「聖典」に基づく。ユダヤ教では「聖書」、キリスト教ではイエス以前を『旧約聖書』、イエス以後の「新約聖書」、イスラムでは「クルラーン（コーラン）」と呼ぶが、いずれもユダヤ教の「聖書」がベースである。

ユダヤ教の聖典「聖書」の最初の部分は、律法と言う「創世記」「出エジプト記」「レビ記」「民数記」「申命記」で、これを「モーゼ五書」と呼ぶ。食の規定に関してはとくに第三の書とされる「レビ記」が重要で、規制は水界の魚にまでも及ぶ。彼らが食べることができるものは適正食品「コーシャ」(kosher) とされ、事細かく記載されている。

そもそも「聖書」は、彼らが暮らしていた今日のシリア、イラクを中心にして栄えた古代オリエント文明である紀元前二〇〇〇年以上前のティグリス・ユーフラテス河流域の古代メソポタミア文明、同じくアフリカ大陸のナイル川流域に栄えた古代エジプト文明の地域的風土、環境などの影響も大いに受けている。

ただ、農業活動を中心にして都市を創り上げた人たちと違い、彼らのライフスタイルの基本はヒツジ、ヤギなどを飼い遊牧生活をしていた人たちなので、水界の世界は生活に身近なものではなかったようで、記載される魚は数少ない。結局は自分たちの身近な世界に魚は少なく、馴染みのなかったものであったのだろう。

1　旧約聖書の地の魚

①アブラハムに因んだ魚など

ペルシャ湾に注ぐティグリス・ユーフラテス河という大河に囲まれた古代メソポタミア文明は、農業のための灌漑設備となる運河が碁盤の目のように張り巡らされていた。必然的に水界は身近で、魚は豊穣のシンボルと見なされるようになる。これは魚が数多くの卵を持つことからのようで、即ち子孫繁栄で豊かさにつながると考えたのであろう。身を守る護符にも、魚のモティーフが使われている。

メソポタミア文明で最も古いのは、紀元前三二〇〇年頃に始まった下流域に栄えたシュメル文明である。彼らが記録に残した楔形文字によって書かれた粘土板の職業名の中に漁師も記載され、

ウルのスタンダード（２段目中央付近に魚　大英博物館）

魚を獲ることを生業とした人々の活躍が知られる。

シュメル都市ウルの王墓から出土した大英博物館所蔵の「ウルのスタンダード」と呼ばれるものに、饗宴の場面が残されている。その中に両手に二匹ずつの魚を下げた人の姿が見られる。戦勝記念の宴会のようで、魚も供されていた。

ティグリス・ユーフラテス河には「シャブート」という魚が棲息し、「ウルのスタンダード」に描かれた魚のように見える。「シャブート」は学名で（Barbus Grubus）、湖、大きな川などの淡水域に棲息し、背ビレに発達した棘をもつコイ科に属するニゴイである。「マスグーフ」と呼ばれるグリル料理が知られ、美味ではあるがやや小骨が多い。

また、最下流域には湿原地帯が広がり、「マッシュ・アラブ（湿原のアラブ人）」と呼ばれる人々が暮らす。家は湿原に生えるアシで出来ており、シュメル文明当時と何ら変わらない。ヤス、網などを用いて同じくニ

ニゴイ（アクア・トト）

ゴイを獲っている。

少し時代を降り、「ハンムラビ法典」で知られるハンムラビ王のバビロン第一王朝時代（紀元前一九〇〇年頃〜一六〇〇年頃）にも、魚に関しての記録が残されている。それによると、魚は羊毛と共に商品として扱われ、官庁に収められる魚は租税の対象となった。大河に沿った地域では日常的にも魚は豊富で身近で価値もあった証拠であろう。

古代メソポタミア文明から大きく影響を受けたものが、ギリシア民族創世の物語であるギリシア神話である。

魚との関連ということでは、星座物語の「うお座」の話が上げられよう。

「うお座」は、二匹の魚が紐で縛られている。その謂われは、美と豊饒の女神アフロディーテと恋のキューピットとして知られるエロスにまつわる話が起源となっている。

ある日のこと、暴虐で知られ台風の語源となった嵐の神テュポーンに二人が襲われそうになった。そして、あわやというとき、一説によるとエジプトのナイル川ともいうが、ユーフラテス川に一緒に飛び込み難を逃れることができたのだった。飛び込んでも互いにはぐれないように足を縛り、二人は魚の姿になって逃れたという。

これがその由来だが、美の女神アフロディーテの本質は豊饒の女神である。南アジアのインドや東ヨーロッパのセルビアでは、乙女が魚をプレゼントされたら妊娠すると言われている。やはり、魚の卵が豊饒を象徴していることからだろうか。アフロディーテとエロスは魚になれるのだ。実際、魚を片手に掴んでいる女神像図柄も知られている。

ところで、一神教の系譜の中で「創世記」に登場するのが「民族の祖」アブラハムである。彼は神の命によりメソポタミアの都市ウルを出て今日のシリア、レバノン、イスラエル、パレスティナにあたる約束の地カナンに向かったとされる。

今日のトルコ南東部、シリア国境に近いシャンルウルファには、彼に因んだ魚がいる。領主がアブラハムを火あぶりの刑にしようとしたところ、彼を追って娘が火に身を投じたのを、神が火を水に、薪を魚に代えたと伝承されている。

それが今も聖なる魚がいるという「アインゼリハの池」である。これもニゴイのようである。もちろん、ここにいる魚は聖なるものなので、食用にはしないという。

また、「旧約聖書続編」の「トビト記六章一—九」の中では、何の魚かは分からないが、メソポタミアのティグリス川で飲み込まれそうになった大きな魚を捕まえ、魚の心臓、肝臓、胆嚢などを取り出し、身を焼いて食べたという話が記載されている。心臓と肝臓は悪霊に取り付かれている人の前で燻すと悪霊の力は消え去ると天使ラファエルが告げ、実行して悪魔を追い払った。また、胆嚢は眼に塗ると、眼が良くなると言う。魚を燃やす、あるいは内臓などの異様な臭さによって忍び寄る悪魔を退治するのである。

②食としてのナマズ

姿形を見るとあまり魚には見えないのがナマズである。ヘビのように地も這い、ウロコが見あたらず、そうしたことからか、ユダヤ教では食べられない魚に入る。

だが、世界的にはナマズは種類が豊富で、淡水魚の中に占める割合も高い。世界の水辺で暮らす人たちにとって食として大いに利用され、重要なタンパク源となっている。今日でもアフリカから西アジアにかけてもナマズは食として重要で、アフリカ内陸部の人々の食生活を支える大事な魚のひとつとなっている。

アフリカ大陸を南北に流れるナイル川は、大陸中央部から地中海に注ぐ流路長六六九五㎞の世界最長の川で、最も下流側がエジプトになる。ナイル川に沿った地に文明を開いた古代エジプトは、自然環境からも中流河谷地帯の上エジプトとカイロから南の下流デルタ地帯となる下エジプトに分かれていたが、これを統一して王朝が誕生した。

その統一を確認できる最古の資料がナルメル王のパレット（化粧板）で、統一の記載がされて

ナマズ（ミュンヘン狩猟漁撈博物館）

いるが、「ナルメル」とはナマズのことで、さしづめ「ナマズ王」ということになろうか。紀元前三一〇〇年頃に最初に統一したファラオがナマズなのである。

古代エジプトでも盛んに食用としたことが、地下式墳墓のマスタバ墓に残された多くの壁画で知ることができる。一九七四年、早稲田大学の調査隊が発掘したルクソール西岸のコム・エルサマツク、つまり「魚の丘」という名はローマ時代以降、ナマズが数百匹もミイラとして埋葬されていたことに由来する。神聖なナマズとして崇められていた。

イラクでもウナギと共にナマズは食べるし、アフリカ中部ニジェール川では燻製にして保存食とし、市場に出す重要な換金物で、ニゴイ、ティラピアと共に「御三家」の魚だ。同じアフリカ中部のガーナでは、死者を埋葬する棺にナマズ型をしたものを使う。生活にナマズが密着した証であろう。トルコのアジア側でイズニック湖に面したイズニックでは「ヤユンバルウ」と呼ぶヨーロッパナマズの料理が知られている。フライ、串に刺して焼いたケバブで食べている。

イエスの活躍舞台となったイスラエルのガリラヤ湖にもナマズは棲息し、ユダヤ教徒にとっては食べられない魚の一つだが、東岸のティベリアの魚屋では売られている。売っているということは需要があるということだ。入植してきた当時のユダヤ教徒は食べるものにも事欠き、ナマズを団子にして形を無くして食べていたと地域に暮らす人から聞いた。確かに団子にしてしまったら姿形は分からないが、今では食としては利用していない。

ガリラヤ湖で、もう少し歴史を遡って湖に暮らしていた人々がナマズを食していたか実態は不明だ。ただ、二〇一一年のエン・ゲブ遺跡の発掘調査で、紀元前一〇〇〇年以上前の鉄器時代のオーブンなども見つかった台所近くから、調理用具と見られるフリント製の鋭いナイフと共にヒレに棘を持つナマズ特有の骨らしきものが出土したことは注目される。

もしそうならば、ナマズが棲息する湖周辺の特性なのかどうか、とても興味を惹かれる。「異邦人の地ガリラヤ」と宗教の中心地として自負する南部のエルサレムから呼ばれていたが、それを裏付ける一つになるかもしれない。考古学の醍醐味であろう。

アカメ（高千穂淡水水族館）

③力の象徴のスズキ

スズキという魚は、この地でも大いに愛でられている魚である。魚類はサメ、エイなどの軟骨魚と大部分の魚が含まれる硬骨魚とに分かれるが、硬骨魚の多くはスズキ目に属するグループで、深海から淡水域まで棲息域はとても広く、一大勢力を持つ。

スズキは英名でバス、あるいはパーチとして名が付くが、ナイル川流域で重要視されるのは、ナイルパーチであろう。スズキ亜目のアカメ科に入るナイルパーチは、アフリカのナイル川、ニジェール川に棲息するが、中には二mに達するものもいる巨大な魚である。地元では食用として重要で、養殖も行われている。白身で美味しい魚で、さすがに一匹丸ごとではないが、切り身のフライとして現地でも供されている。

ところが、この魚も欧米の魚食指向により需要

グリルしたナイルパーチの切り身

が増して漁師が乱獲し出した。その結果、ナイル川上流のウガンダ、タンザニア、ケニアに囲まれるヴィクトリア湖でも少なくなり、小型化してしまったという。

古代エジプトで、魚と漁が具体的に分かるものが墓に描かれた壁画であろう。カマボコ形をした、アラビア語で「マスタバ」と呼ぶ構造物を持った地下式墳墓がある。その墓の壁画には当時の日常生活をうかがえるものも多く、貴重な手がかりとなる。そうした日常生活のひとつとして魚と漁が描かれているものも知られる。

カイロ市南西、ナイル川左岸のサッカラにある古王国第五王朝(紀元前二六一三年〜二四九四年)の「カァ・ゲムニ」のマスタバ、第六王朝(紀元前二三四五年〜二一八五年)の「メレルカ」のマスタバの壁画には、逆さナマズ、電気ナマズ、ティラピア、ニゴイ、ボラ、ウナギ科などの魚と共にナイルパーチが描かれている。そのすべてを食用としていたかどうかは分からな

ヤスを駆使する古代エジプト人の模写（ベルギー人類学博物館）

いが、ナイルに住む魚ということであろう。

ナイルパーチは古代エジプトではミイラにされ埋葬されているものも多い。この魚の大きさと闘争心の高さから、聖魚とされたのではなかろうか。今日でも「大物釣り」の魚であり、古代には「ハレ」の漁の魚として格好の対象となっていた。

壁画の漁法を見ると、最も描かれているのは網漁と、ヤスを使って獲物を突き刺す刺突漁だ。他に釣漁、梁漁、円錐形状のカゴに入れ込んで獲る筌漁などがうかがえる。その中で日常的な漁撈活動の主体は網漁で、これと対極となるのが刺突漁であろう。

ヤスで漁をする場面を描いている壁画としては、カイロの南にあるサッカラの第五王朝の「アクト・ヘテプとプタハ二世

スズキの塩焼き

のマスタバ」、カイロとルクソールの中間のベニ・ハッサンの中王国第一二王朝（紀元前一九八五年〜一七九五年）「クヌムヘテプの墓　ベニハサン三号墓」、ルクソール西岸の新王国第一八王朝（紀元前一五五〇年〜一二九五年）の「ナクトの墓」、「メンナの墓」、「スエンムトの墓」などがある。

ヤスは陸上で使うヤリと同じような機能を持つ。道具の特徴として、深い注意を払って狙う際に気配をうかがいながら獲物に近づき、仕留めようとしても失敗する可能性も高い。効率的に考えれば網漁にかなわない。技能の高さと攻撃性を合わせ持つ道具だ。だからこそ、ヤスは網と比べて漁としての効率は劣るものの、使う人の力の強さを表す象徴となる。獲物も大形の見栄えのするナイルパーチなどの大形の魚である。

トルコの港町イスタンブールでは、この地で一般的なヨーロッパスズキを「ルフェル・ウズガラス」、つまり一匹丸ごとの塩焼きを出す店が多い。ボスポラス海峡に面し、黒海に近いサルエリの漁港のレストランのスズキも塩焼きだった。

これが見栄えのする大きめのスズキになると、まさにセレモニーであり、儀式が行なわれる。客寄せにもなっている。料理は「トウズッタ・バルク」、日本でいう魚を塩で固めて焼き上げた「塩釜焼き」となり運ばれてくる。

スズキもやはり大形で力強さを持ち見栄えの良い魚で、かつ美味しい。そうしたことからこの地域においても高級魚としての地位を保っている。

④モーゼの魚

「モーゼの魚」と呼ばれる魚がいる。それはカレイ目の魚だ。なぜ「モーゼの魚」と呼ばれるのか。モーゼという名は「水から救い出された者」という意味を持つ。「旧約聖書」によれば、後のユダヤ人の祖先となるヘブライ人奴隷の子供だったが、エジプト王女から救われ王子として育てられる。奴隷として働かされていた人々を率い、シナイ山で神から守るべき「十戒」を受け、神との約束の地カナンに連れていったとされる。

モーゼはユダヤ教と結びつくと思うかもしれないが、ユダヤ教、キリスト教、イスラムと続く一神教の系譜の中では重要な預言者の一人で、それぞれに尊敬されている。ユダヤ人、アラブ人共にこの名を持つ人も多い。奴隷を解放し、自由を与えた象徴となっている。

　モーゼの話は劇的なこともあってか、映像化もされている。一九五六年のハリウッド映画『十戒』はセシル・B・デミル監督、チャールトン・ヘストンがモーゼ、ユル・ブリンナーが古代エジプト新王国のファラオであるラメセス二世を演じた。

　追いかけてきたエジプト軍によって岸に追いつめられ、絶体絶命のピンチになったがモーゼが神に祈ると眼前の海が割れて道ができた。そのとき不幸にもその場に居合わせた魚がいて、神の息吹によって気の毒なことに体が二つに分かれてしまう。結果、別名「モーゼの魚」という名誉ある称号を頂くこととなった。

　これはあくまで伝承だが、この辺りに多いのは上顎が大きいのが特徴であるボウズガレイだ。ボウズガレイは、ボウズガレイ科の魚である。北ヨーロッパ、南ヨーロッパの

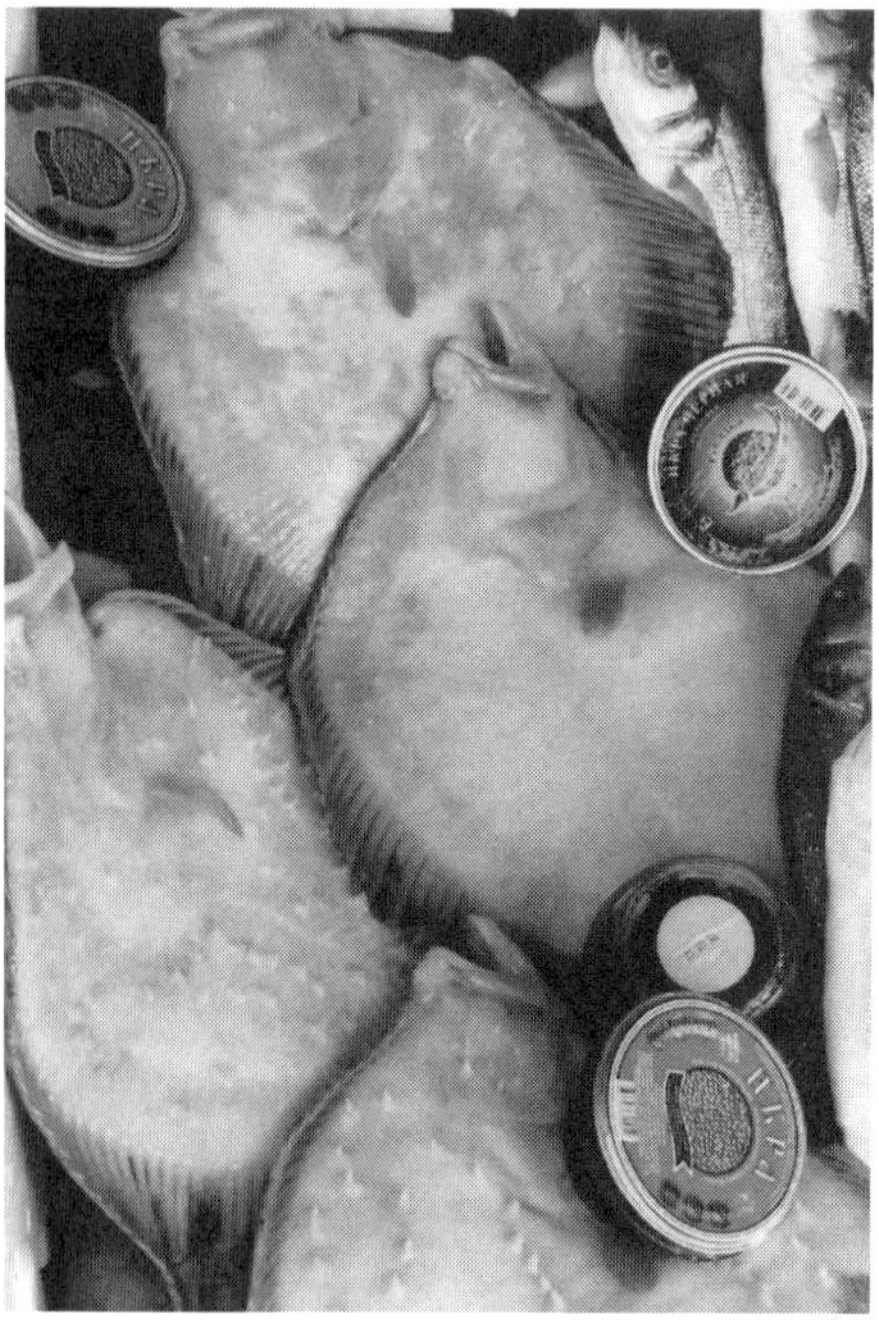

魚屋に並ぶイボガレイ

テーブルのイボガレイ

地中海から黒海、紅海、ペルシャ湾からモザンビーク、マダガスカルまでの東アフリカ沿岸からインド洋、南シナ海、オーストラリア・クイーンズランドまで棲息する。

一般に魚の眼は体の両側にそれぞれあるのがふつうだが、ヒラメ、カレイは片側にだけ目がある。いわゆる表裏がある魚で、中には例外もあるが、頭部を規準にし「左ヒラメ、右カレイ」と分けられる。とくにカレイは「片割れ魚」として知られている。

実際は幼魚のときはふつうの魚と同じように両側に眼があるのだが、成長するに従い片側に移動していく。だが、ボウズガレイはヒラメ科、カレイ科の魚のように目が完全に片側に移動していない。

これならば左右割れても「モーゼの魚」というのは納得できる。

地中海、黒海、北大西洋の沿岸域に棲息する英語で「ターボット」と呼ぶカレイの仲間も、「モーゼの魚」として供される。トルコでは「カルカン」と呼び、成魚ではときには一mほどにもなる大形魚である。「黒海カレイ」の名も持ち、トルコでは最高級魚の一つとして知られる。

日本では、別名をイボ（疣）ガレイと呼ぶ。表のウロコはイボ状の突起になり、かつ腹側にもイボ状のものが点々とある。魚屋に裏側を見せて並ぶので、赤いイボがより目立つ。

また、イスタンブールなどの沿岸部だけでなく、トルコの内陸にある首都アンカラの高級シーフード店でも食べることができる。

注文するとトルコ語で「タワ」と呼ぶ一匹丸ごと揚げた周りを野菜で縁取られた料理が披露され、ウェイターが切り分けてくれる。スズキと同じように儀式で、客寄せになる。プレートに載せられて「モーゼの魚」の風格は確かにある。

⑤カナンの象徴アッキガイ

聖書でユダヤ人が神から住む地を約束されたのが、今日のイスラエル、パレスティナ、レバノンなどがあるカナンである。そこは既に先住民で都市に住む定着民のカナン人が暮らし、紀元前四〇〇〇年頃には都市を成立させていたことが考古学的に検証されている。

ここの都市に住む人々がカナン人、後の鉄器時代にはフェニキア人と呼ばれ、紀元前一〇世紀

アッキガイと貝紫（ハイファ大学博物館）

以降、交易の民として地中海世界を中心に盛んに活躍し、アルファベットの原型フェニキア文字を生み、貝紫の他、レバノン杉、象牙の加工などにも秀でた人々だった。地中海周辺地域に都市を造った他、ジブラルタル海峡を越えて動いていた。

ところで、カナンという意味は、メソポタミアのアッカド語で「キナッフ」、ギリシア語では「フォイニクス」、つまりフェニキアで、特産品の貝紫の染料を意味している。

フェニキア特産の貝紫は聞き慣れないかもしれないが、言葉の通り、アッキガイ科の巻貝の体液を利用して染色したもので、古くより地中海に面した地域の特産品であった。アッキガイは漢字で「悪鬼貝」と書き、日本では食用として利用される巻貝のイボニシ、アカニシなどが属する貝の仲間である。

フェニキアではアッキガイ科のシリアツブリ、ツロツブリを貝紫の材料とした。今日の海に面したシドンには、廃棄された貝殻が山のように捨てられて貝塚となっている。数gの染料を得るのに一万個は必要となるので、それだけ大量の貝が棲息していたのであろう。貝殻の上に街が築かれている、といわれるほどである。

貴重で高価な貝紫はステイタスシンボルとなり、「士師記《さばきのつかさ》八—二六」などによっても、当時の周辺の諸国であったアッシリアの高官、ミディアンの王なども好んだことが知られる。後にはローマ帝国の皇帝の色で、最高の色として評価された。

アフガニスタンの山中から採れるラピスラズリを、英語名で深い海の色と言う「ウルトラマリンブルー」と呼んで珍重したように、神秘な海から採れる貝紫を好んだのであろう。海の産物で土地を代表させている。

2　新約聖書の地の魚

イエスはローマ帝国支配下、一世紀の頃にこの地で活動し、そのイエスをメシア、救世主と信じ、キリスト教が誕生した。

キリスト教の聖典「新約聖書」は、イエスの言行を記録したものだが、イエス自身が書いたものではなく、福音記者と呼ばれるマタイ、マルコ、ルカ、ヨハネによってまとめられたものだ。それぞれ、「マタイによる福音書」「マルコによる福音書」「ルカによる福音書」「ヨハネによる福音書」という。その他、「使徒言行録」「ローマ信徒への手紙」などの手紙に関するものを含み、「新約聖書」とする。これらの書は、紀元後四世紀頃には成立していたと考えられている。

イエスが育ち、布教を始めたのはガリラヤ湖のあるガリラヤ地方である。もちろん、それ以前も、それ以後も人は住み続けていた。

ここではそうした舞台となったガリラヤ湖での魚と人との関係について、歴史的に、あるいは聖書での話を含めたい。

①ガリラヤ湖の漁と歴史

ガリラヤ湖のあるイスラエルは、ユーラシア大陸と南のアフリカ大陸の陸橋にあたり、場所は地中海の東でエジプトの北にあたる。

湖はイスラエル北東部、南北に延びる大地溝帯のヨルダン渓谷の中にあり、東は屏風のように立つシリアのゴラン高原に接している。ヘブライ語で「竪琴」という意味の「キネレット」と呼ばれる。名のとおり、北側が幅広い竪琴の形をし、滋賀県の琵琶湖と同じように楽器の名が付

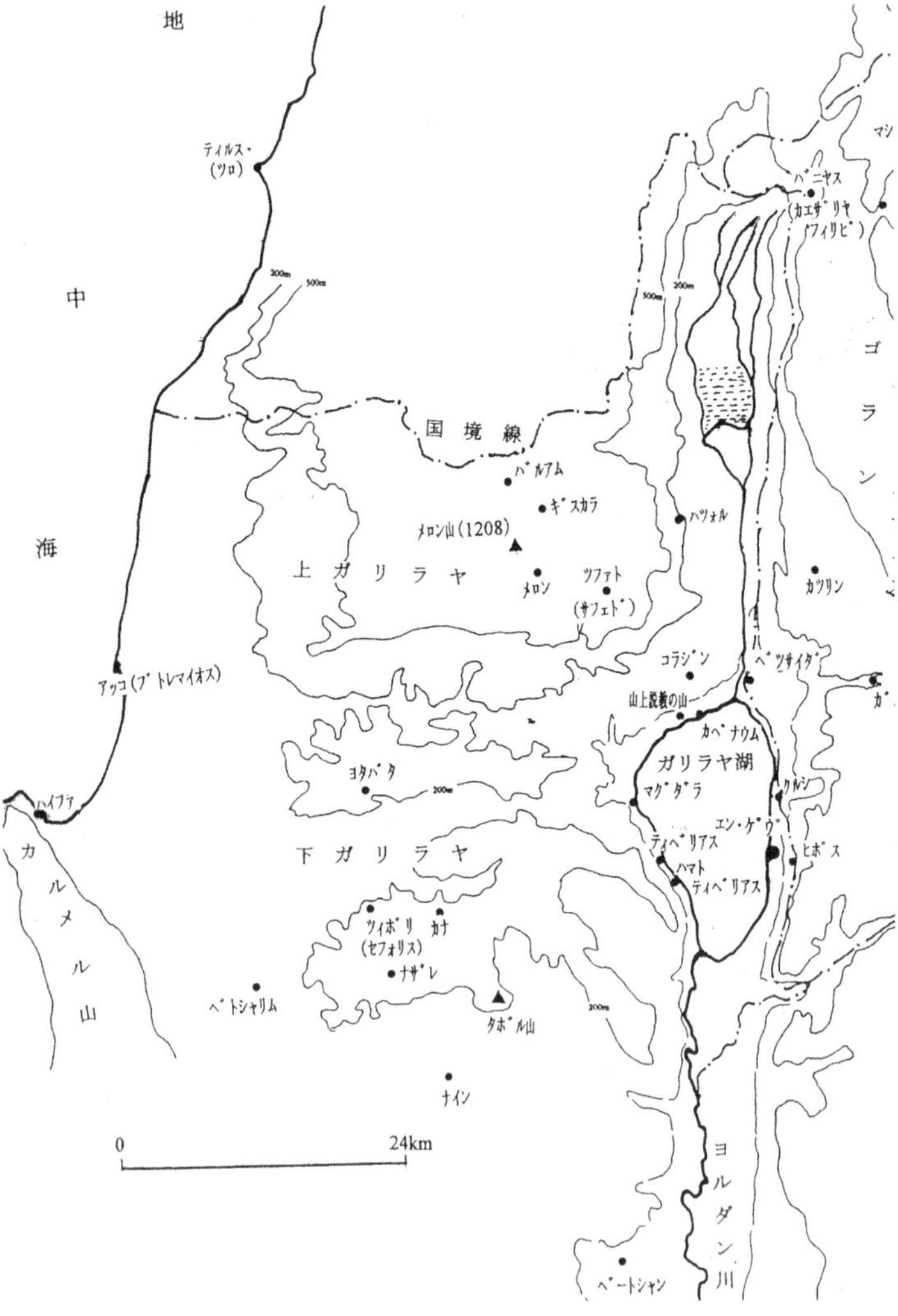

ガリラヤ湖位置図(研究代表者月本昭男から筆者改変)

ガリラヤ湖 - 正面の林はエン・ゲブ、奥はゴラン高原

く。南北二〇㎞、東西一二㎞の大きさの地域的にも貴重な淡水湖で、地溝帯の中なので水面上でも地中海海面より低い海面下二一〇mとなっている。

湖の北岸には北方のレバノンとの境にある雪を頂いたヘルモン山麓からヨルダン川が流れ込み、南岸から塩分濃度の極めて高い死海へとヨルダン渓谷を南へと下る。

こうした湖には魚も棲息し、周辺は、古くから人々が暮らした生活の場が遺跡となって残る。網、釣りのオモリとした石や鉛などを使った沈子、釣鉤などの漁具、網を編み補修する網針、舟を停泊させるための碇石も多数発見され、港も一二ヵ所ほどあって漁撈などを含めた生活をうかがえる。

ガリラヤ湖にいる魚は二五種ほどだが、在来種でないものも今日では見られる。イスラ

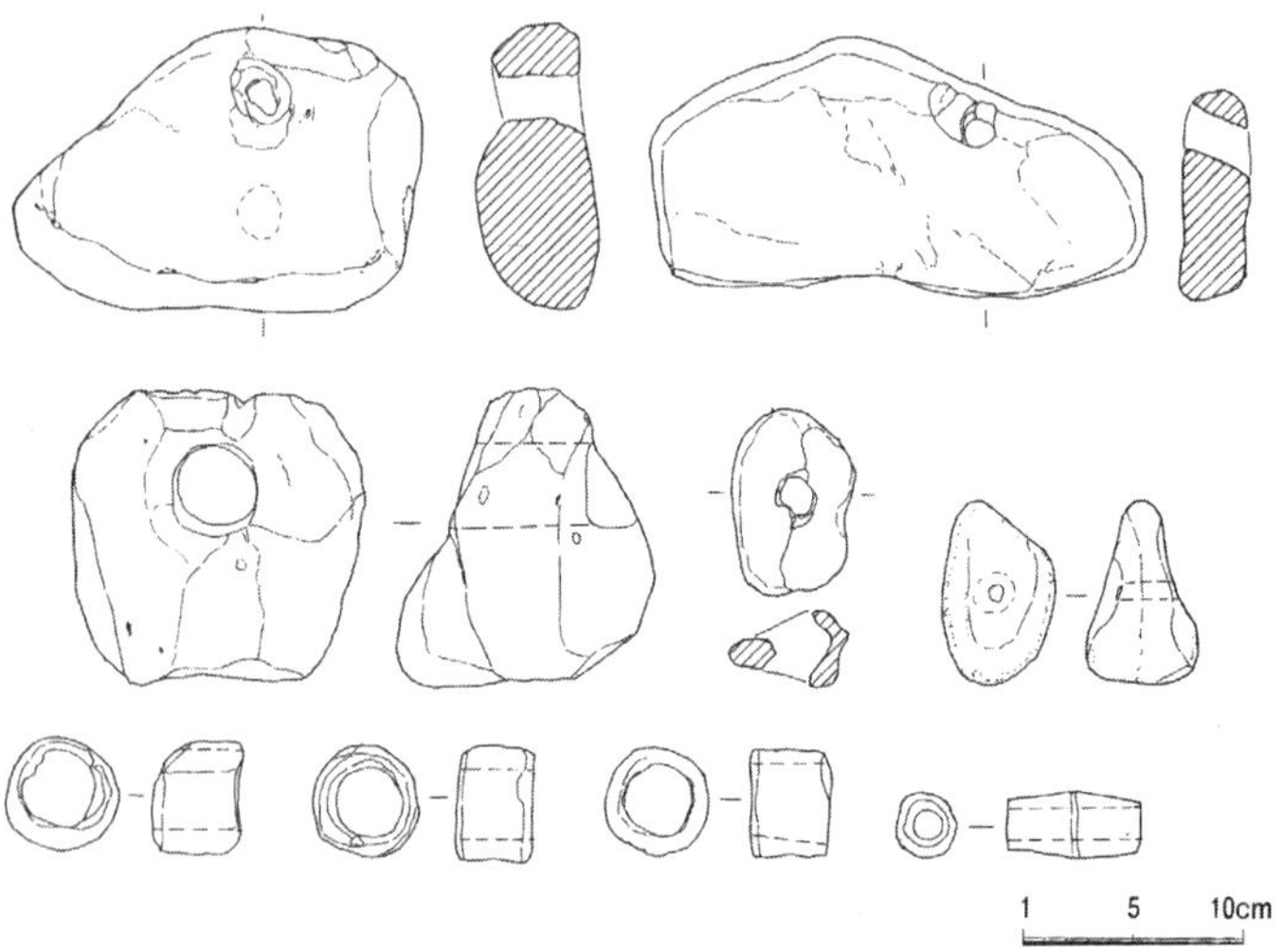

ガリラヤ湖周辺漁撈遺物の図

エルでも魚の需要は健康志向もあって増加しており、近年では外来魚のシルバーカープなる魚を湖に導入している。

この魚は「ハクレン」で中国ではコイ、ソウギョ、アオウオ、コクレンを含め「家魚」と呼ぶコイ科の魚だが、成長すると一mをはるかに超える巨大な魚となる。もちろん、湖では最大の魚である。身がタップリと付いており、切り身、あるいはすり身にして使う。

また、湖畔のレストランでは、三〇〜四〇cm以上にもなるボラ一匹をそのまま使ったフライもある。それから、湖にはいないがマス、ナイルパーチなどの魚も供される。

湖からの漁獲量は年間一三〇〇tになるが、利用されるのは数種に限られる。最も量の多いのは、ニシン科のキネレット・サーディンで六割強の八〇〇t、次いでカワスズメ科

Ohalo II遺跡出土の沈子（ハイファ大学博物館）

のティラピアが三〇〇ｔである。この二種の魚だけで湖から水揚げされる量の九〇％近くを占める。

こうした状況は古代から続いているようである。イエスを巡って漁師たちが登場する遙か以前、湖の南、ヨルダン川の流れ出し部分に近い場所に、中石器時代の「オハロII」という二万一〇〇〇年ほど前の農耕活動をしていない時代の遺跡がある。

ハイファ大学の手により一九八九年～九一年、一九九八年～二〇〇一年にかけて発掘調査が行なわれ、二〇〇二年に報告書も出版されている。この調査では、一万点近くのカワスズメ科とコイ科の魚の魚骨も検出されている。イワシは不明だが、イワシの骨は小さくて見つからなかったのであろうか。

その他、考古学的には北岸のエト・テル遺

エン・ゲブの港の漁船

跡から鉄製釣鉤《つりばり》が一三点、青銅製釣鉤、同じくカペナウムからも鉄製釣鉤が出土している。その他にローマ時代以降、湖周辺には様々な色をした石片のテッセラを使って建物の床に描かれたモザイク画が数多くあり、網漁と共に釣魚の姿も残されている。この種の仕事をする専門職人はローマ帝国各地域で活躍していたと見られ、湖の魚ではなく地中海地域の魚種を描いているものもある。

釣りをする時間帯は魚の採食行動と関係し、一日の中で夜明け前と日没近くの時間帯が魚の給餌活動が活発化するので、釣り人は時間帯に合わせ漁を行なう。

ガリラヤ湖で今日でも漁師達がする漁は網漁が圧倒的に多い。糧を稼ぐための漁撈手段としての投網、地曳網は今日では廃れたが、海上で舟を使う刺網、あるいは巻網は今でも行なわれ、目にすることができる。

②漁師メンデルス・ヌンとシュロモ

私が調査に参加していたエン・ゲブ遺跡は、ガリラヤ湖の東岸に面している。今から三〇〇〇年ほど前、ダビデ、ソロモンの統一王国より少し後の北イスラエル王国の時期、考古学的には鉄器時代の遺跡だ。遺跡は一九三七年に設立されたガリラヤ湖畔の最初のキブツとなったキブツ・エンゲブの中にある。当時は英国統治下のパレスティナで、農業と土地柄もあってガリラヤ湖の漁業との生活に従事していた。

キブツとは聞き慣れない言葉かもしれないが、イスラエルで発達した共同の組織で、社会主義の理念を実現した集団農場だ。

かつて共産主義国家の旧ソビエト連邦にはコルホーズ(民間)、ソホーズ(国営)という集団農場、中華人民共和国には人民公社があった。結局集団農場は上手くいかなかったが、イスラエルでは成功し、今日でもイスラエルの農産物の大部分はキブツで生産している。

このキブツ・エンゲブで、ガリラヤ湖の漁撈に携わっていたメンデルス・ヌンとシュロモという二人の人に出会った。

メンデルス・ヌンはユダヤ系の音楽家メンデルス・ゾーンと同じ名をもつ漁撈考古学研究者だ。彼はガリラヤ湖の漁師であったが、湖の漁撈の歴史に関心をもち、湖岸を探査しながらかつての

エン・ゲブ遺跡

港を探し出し、古代から現代まで漁撈に使うオモリの沈子、網を固定するための網碇、舟の碇などの数多くの資料を集め保存している。

また、研究成果をまとめて地元から本も数冊出版し、キブツの中に資料を集めた「フィッシュ・ミュージアム」も開いている。

私が会った頃は一線を退いていたが、機会あるごとに彼は発掘現場にやってきてはけっして雄弁ではなかったが、情熱を持って湖の漁の話を語ってくれた。湖への愛情がひしひしと伝わってくる。

初めて会ったとき「湖ではなく、海です」と穏やかに話をしながらも、海ということを強調したのを鮮明に覚えている。確かに英語では「Lake of Galilee」ではなく、「Sea of Galilee」となっている。

日本の滋賀県にある琵琶湖が、地域の人に

とっては湖ではなく海と呼ぶように、ここに暮らす人々にとってはやはり海なのであろう。

もう一人、発掘が始まった当時、何くれとなくお世話をしてもらったのは、当時テル・アヴィヴ大学用務員のシュロモだった。イスラエルは外国からやってくる考古学発掘調査隊を積極的に受け入れており、彼は各国からのお世話係でもある。

周りの国々を含めてこの地域は概して乾燥地帯なので水の便も乏しく、遺跡も実に殺風景な所が多いのだが、調査の始まる頃は遺跡の上には多くの松の木が生えていた。

とても異国とは思えないような感じで、この地域の調査にあるまじき木々が茂る木陰もあり、湖も近くにある風光明媚で調査地としてほんとうに恵まれていた。

だが、実は遺跡の木々は自然に生えたものではなく、ユダヤ人入植者が植林したものだが、発掘区域を設定すると邪魔になる木も多く、ノコギリで切り倒すことになった。最初の頃は遺跡からあまり出土品もなく切り倒しが発掘の最大のセレモニーであった、といっても過言ではなかろう。

そもそもキブツのあるガリラヤ湖畔は湿潤な湿地帯であり、かつては風土病で伝染病のマラリアを媒介するマラリア蚊の発生する汚染地域で、湖で生計を立てて暮らしていた漁師達は大変だったはずだ。それを避けてやや高地の乾燥した地に住むというのを選んだ人々も多い。だから入植したユダヤ人はまず、湿地を無くすために木々を植えた。

今も湖の岸辺に生い茂るユーカリの木も、本来は自生の植物ではない。オーストラリア原産だが、数多い樹木の中でも吸水量がとても多い木なので湖岸周辺に広がる湿地を無くそうとして選んで意図的に植林した。ユーカリの木もこの地に適応したのか、見上げるような大木に育っている。お陰で今日では恐ろしい伝染病のマラリア蚊は撲滅した。

シュロモはかつてナチス支配下のドイツに住んでいたが、家族は全員ポーランドのユダヤ人収容施設であるアウシュビッツ行きとなった。年端もいかない彼は貨車に乗って必死になってこの地に辿り着き、ガリラヤ湖の漁師になる。その傍ら遺跡の丘であるテルの上にマツの木を植えていったという。

ここで新たに生きる決意をしたのだろう。彼の様々な思い出が一杯詰まっていたに違いない大切な木々を、私たちは調査のためとはいえ無惨にも切り倒していったのだった。

発掘が終わった日、フェアウェルパーティで彼から一通の書をスタッフ全員が受け取った。書面を見ると、調査を担当したスタッフそれぞれの名で、エルサレムに一本ずつ植林をしたことが記載された植林証明書だった。証明書を渡されながら話を聞いたときは、返す言葉に詰まってしまった。

何事もひじょうに根気のいる国柄だ。日本のように簡単に右から左へと決まることはない。彼は発掘の間、ひと言も文句を言わず、無理と思われるような希望も聞き入れ、難しい対外交渉を一手に引き受け、様々な手配をしてくれた。

松を植えたいきさつを聞いたのは、発掘終了後だった。温厚で優しさがいっぱい溢れた彼は調

網を担ぐメンデルス・ヌンとシュロモ
（キブツエン・ゲブの写真より）

査中嫌な顔一つ見せることなく、絶対に口にも態度にも示すことはなかった。ナチスからの逃避行を含めてこんな話が出て来ようとは夢にも思わなかった。人柄が身にしみた。人を感動させるのは最終的にはやはり気持ちだろう。

彼らが網を担いでいる若い頃の写真を見ると、新たな希望に満ちてガリラヤ湖に生きた漁師の力強い生き方が溢れている。

③イエスと漁師ペトロ

「ナザレのイエス」として知られるように、ガリラヤ地方のナザレで育ったイエスは布教の初期、ガリラヤ湖周辺で説教活動をした。湖の北部には、漁師であったペトロを見いだした「ペトロの教会」をはじめ、「パンと魚の増幅の教会」、「山上垂訓の教会」などが新約聖書に見られるゆかりの地に建てられ、世界各国からの巡礼者が絶えず訪れている。

カペナウムに建つペトロ像 - 手に鍵、足元に魚

そのイエスの弟子の筆頭は「岩」という意味のペトロで、日本では「岩男さん」ということになろうか。名はイエスから与えられたもので、旧名はシモンといった。

彼は後にローマに行き皇帝ネロ（三七年～六八年）の競技場で殉教する。そのペトロの後継者がカトリックの総本山、競技場跡に建つヴァティカンのサン・ピエトロ大聖堂（聖ペトロ教会）で、天国の鍵を持つローマ教皇になる。鍵はペトロの象徴なのだ。

二〇一三年三月、アルゼンティン出身の新しい教皇フランシスコが「コンクラーベ」によって誕生したが、彼も含め歴代の教皇は地位の証として「漁夫の指輪」を付けている。ペトロは漁師であり、後継者はそれを引き継ぐ証である。

漁師のペトロとイエスは、湖の岸辺で出

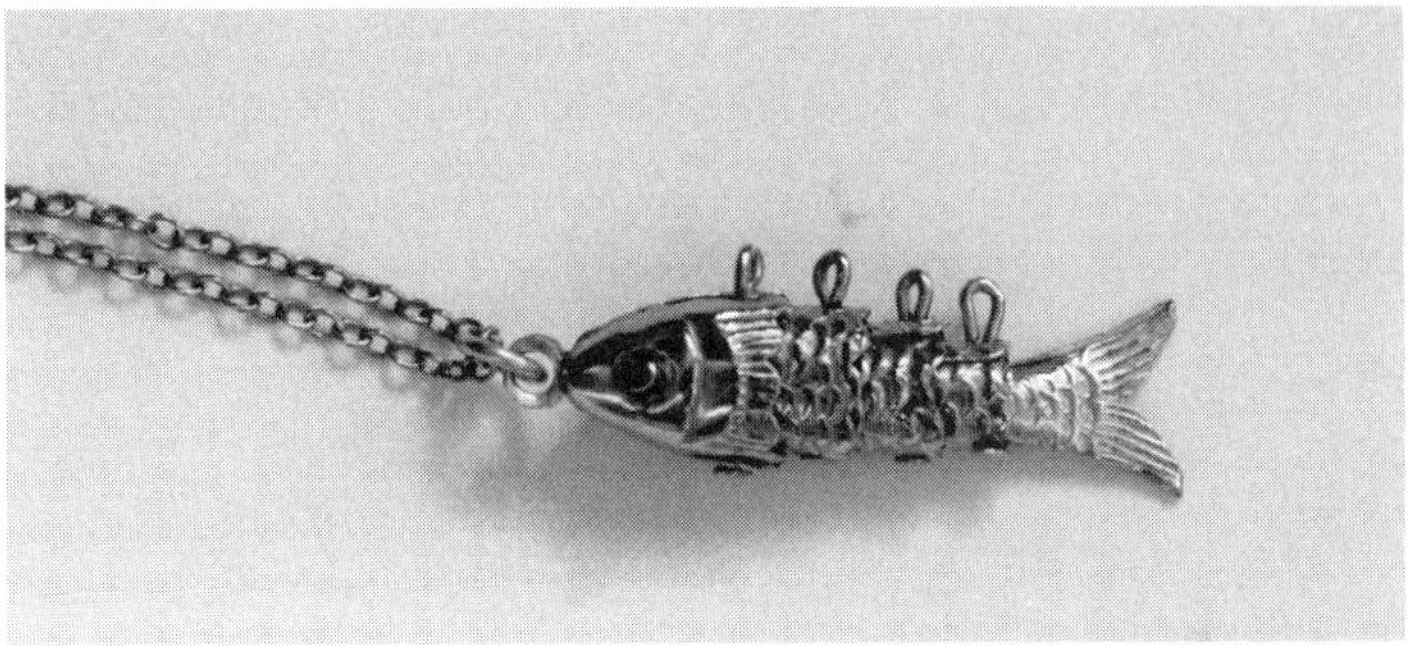

聖ペトロの魚のネックレス

会ったとされる。「マタイによる福音書四章一八—二二」に、イエスがガリラヤ湖の辺を歩いていたとき、漁師だった二人の兄弟、シモンと弟アンデレとが湖で網を打つのを見て、これからは魚ではなく人間をとる漁師にしよう、と言ったという。

ペトロの家とされた建物跡の上には、記念の教会も建つ。一九八三年夏に訪れたときは発掘の最中だったが、九一年にはその上に立派な教会が建っていた。遺跡を破壊したのではなく、遺跡が一階で聖堂が二階という構造となり、聖堂の床の一部にガラスを嵌めこみ、建物の石壁が見えるようになっている。

彼は北岸のカペナウムの出身とされ、建物跡から漁具が発見されたので彼の家になった。漁具が発掘されたから漁師の家ではあろうが、名前でも見つからない限り、彼の家と決めつける考古学的証拠はない。福音書の家の記述からも判断し、古いビザンティン時代に教会が建てられていた。もしかしたらペトロを知っていた漁師の家ではあったかもしれない。

イエスの布教途上、説教に集まった人々に対し、イエスがヒツジではなく、魚とパンを増やしたという記載は「マタイによ

カペナウムの教会

る福音書」「ルカによる福音書」「ヨハネによる福音書」に書かれている。魚とパンは最も日常的な食であったことを知らされる。

この由来の地に建つ「パンと魚の増幅の教会」は、イエスの説教に集まった群衆に弟子たちが分ける食べ物がないと訴えたとき、彼は手元の二匹の魚と五つのパンを増やし、五〇〇〇人以上の人々のお腹を満足させたという故事にちなんだ場所にある。

「パンと魚の増幅の教会」は、現在はベネディクト会の修道院として使われ、六世紀に建立された教会が基となっている。床には、故事を伝える中央にパンを挟んで二匹の魚がモザイク画として描かれている。

イエスは生涯の晩年、南のユダヤのエルサレムに行き政治犯に課せられる十字架刑を受けた。弟子たちは指導者を失ったので故郷に

ペトロ首位権の教会

戻り、ガリラヤ湖で再び漁師となっていた。そこに彼は現れた。そうした経験を通して弟子たちはイエスの復活を信じ、布教活動に各地へと散っていく。節目、節目にガリラヤ湖が深く関わっている。

ガリラヤ湖畔には復活後のイエスと食事をした岩の上に、ペトロが弟子の筆頭とされる「ペトロ首位権の教会」が建つ。聖堂はヴァティカンのミケランジェロが設計をし、ベルニーニなどによって彫像などが飾られた聖ペトロ大聖堂と違い、玄武岩の黒い石で造られ質素で素朴である。漁師として生計を立てていたペトロ本来の姿かもしれない。

また、カペナウムからほど近いキブツ・ギノサールの湖の岸より、大渇水となって湖の水位が下がった一九八六年、長さ八m、幅二・五mほどの地域の定番レバノン杉とカシの木

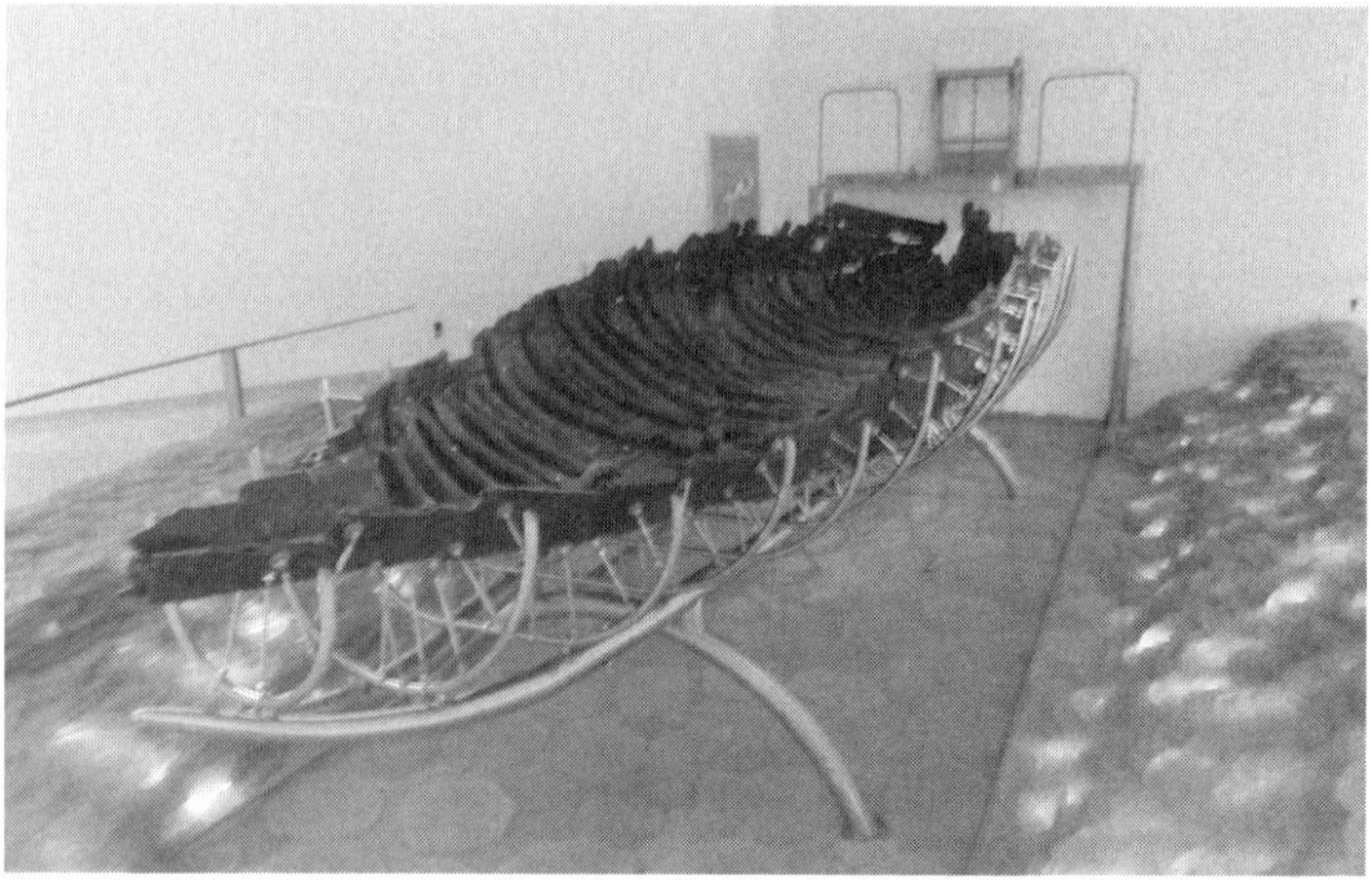

ガリラヤ湖発見の木造舟（キブツギノサール）

を使って造られている、紀元一世紀のローマ時代の木造舟が発見されている。

舟の材料になり、今日のレバノン国旗にも描かれているレバノン杉は地域にとっては重要な建築資材で、舟材としても利用していた。付近に多いナツメヤシの高栄養の実は重要で、樹木自体は枝葉で屋根を葺くことはできるが、建築資材、あるいは舟材には使うことには不向きである。そのため、今日のレバノン、つまりフェニキアから運ばれていた。

舟は発掘され、保存処理が行なわれた後にキブツ内の専用資料館で展示され、館内には日本語のパンフレットも用意されている。発掘を記録したビデオも放映され、一九九〇年には詳細な報告書も出版されている。この舟はもしかするとイエスと弟子を見たかもしれないし、乗せたかもしれない。魚舟か輸送舟かは分からないが、当時を知る上で貴重な舟であることは確かである。出土した土器から見ても、イエスがいた頃のものではあろう。

彼ら漁師の活躍する姿が、灯りとして使った土製オイルランプに、また、教会の床に残るモザイク画にも描き出され、現代の漁師の姿と共に、イエスが生きていたであろう、そして弟子達が暮らした時代の姿を思い浮かべることができる。

④聖ペトロの魚ティラピア

湖の魚を代表するのは、ティラピアであろう。だが、この名よりも地域では「セント・ピーターズ・フィッシュ」、即ちイエス・キリストの一番弟子ペトロの名をいただく「聖ペトロの魚」の方が知られ、レストランのメニューの表記もこの名である。

この地を訪れた巡礼者を含めた観光客は、魚を食べに湖岸のレストランにやってくる。湖の周囲には、西岸のリゾートの街ティベリアをはじめ、エン・ゲブなどでも魚料理を名物にするレストランが数多い。「魚料理を出します」という魚を描いた看板を出し、訪れた観光客を呼び込んでいる。この看板の絵は、確かにティラピアである。

レストランでは、ウロコ、内臓を取り去って処理をした一匹を使ったグリルないしフライにすることが多い。白身で小骨が少なくて身離れしやすいので手でも、フォークとナイフでも食べやすい。味は淡泊である。

ティラピアはガリラヤ湖だけではなくアフリカ、西アジアなどの地域で暮らす人が食べる一般

水揚げされたティラピア

的な魚である。カワスズメ科の仲間で種類も多く、一大勢力のある魚でアフリカでは「食卓魚」とされる。

古代エジプトの象形文字ヒエログリフの中で、ティラピアは「アント」と表され、魚を表す際の決定詞となる。四〇〇〇年も前から文献記録に出て壁画にも多く描かれている魚の代表で、魚といえばティラピアなのである。様々な祭儀にもこの魚を模した魚形が使われ、「依代(よりしろ)」としての意味合いを持たせたようだ。先王朝時代のナカダ期(紀元前四〇〇〇年〜三一〇〇年)に、ティラピアをモデルにした化粧道具の石製パレットも出土している。

当時から食として日常的に最も好まれていたようで、王朝時代に入っても壁画などの他、様々なものに描かれ、姿を見ることができる。今日でも北部湖沼地帯、ナイル川などで漁も盛んに

グリルしたティラピア

行われている。

ティラピアは、アラビア語では「comb」、つまり「鶏冠《とさか》」と呼ぶように、トサカに似た大きな背ビレを持つ。ヒレとウロコの無い魚は食べることのできないユダヤ教徒にとっても、ヒレとウロコもはっきりと確認できる魚である。

この魚は口の中に幼魚を入れて育てるという不思議な生態を持っている。こうした姿が弟子の代表のペトロが信徒を守る姿とオーバーラップし、ヒツジ達を誘導する役割を連想し、ペトロの果たすべき役割と関係づけられたのだろう。

また、口にくわえ込む習性からか、ときとして湖底に沈んでいるローマ貨幣を口に銜えて獲れることもあるという。「マタイによる預言書一七―二七」にも、釣れた魚の口に銀貨が見つかる話がある。質素な漁師にとって思いもかけぬ幸いをもたらす魚である。

「新約聖書」では、食に関して事細かく様々な記載もある「旧約聖書」と違い、規制の話は出てこない。ただ、魚に関する話、漁に関した例え話が数多いのも特徴であろう。漁師と魚に馴染み深いことが上げられる。

イエスが具体的に漁の話を用いながら、弟子に話すことも多い。最も多いのは網漁の話で、釣漁の話は「マタイによる福音書」に一度しかないが、ティラピアと思われる。

「ヨハネによる福音書二一―三」の中で、漁に行くと言うと、わたしたちも一緒に行こう、と言って舟に乗り込んだが、その夜は何も獲れなかったとある。記述から魚の眼に触れないよう夜間に漁をする刺網漁のことを言っているのだろう。

かつては聖書に記されている釣り、網を用いる漁では刺網の他、投網、地曳網などで漁をしていたが、日本と同じで今日では地曳網は廃れ、投網も釣漁と同じで専業者としての漁はなくなったようである。漁師は刺網、巻網が主となっている。

ガリラヤ湖からの天然物だけでも八〇〇tもの漁獲量があるが、これだけでは需要をまかないきれず、周辺のキブツでも養殖池を多く作り、盛んに養殖している。

宗教が与えた魚の需要だろうか、かつてはガリラヤ湖名物だったが、今ではイスラエル全域で魚のメニューには必ずティラピアが入るほどポピュラーで、地中海に面するテル・アヴィヴ、内陸のエルサレムでも魚を提供する店に行けば食べることができる。

さらに、ヨルダン川を挟んで東岸のヨルダン王国でもこの魚のグリルが登場する。国は違っても、味はやはり同じであった。

⑤マグダラの魚キネレット・サーディン

食として利用される中で最も小さい魚が、「キネレット・サーディン」、あるいは「ガリラヤイワシ」と呼ぶ魚である。この魚が湖で獲れるとは不思議なことだが、ガリラヤ湖は淡水湖だがアフリカへと続く大地溝帯に存在し、かつての海の名残りなので海洋魚も閉じこめられている。キネレット・サーディンもその一つである。

ガリラヤ湖で操業中の巻網舟

新約聖書の「ヨハネによる福音書」「マタイによる福音書」では「大きな魚」、「小さな魚」という記載がある。「大きな魚」はティラピア、ニゴイ、「小さな魚」はキネレット・サーディンを指している。

ガリラヤ湖名物の「キネレット・サーディン」だが、かつてこの魚で栄えた湖岸の街があった。それは、湖を挟んでエン・ゲブの対岸、古代ローマの温泉地、皇帝ティベリウスの名が付くティベリアの北、「マグダラ」である。

ここは、キリスト教の信者にとって重要な場所で、「マグダラのマリア」がいた地だ。彼女は「新約聖書」では春をひさぐ女であったが、イエスに出会って悔悛し、彼につき従い信者となったという。後のヨーロッパで世俗に生きる女性にとって、イエスの母マリアにはなれないが、同じ名を持つ「マグダラのマリア」は希望の星となった。ティツィアーノ（一四九〇年頃～一五七六年）、エル・グレコ（一五四一年～一六一四年）など多くの画家が「マグダラのマリア」を題材にして、作品を描いている。

漁獲されたキネレット・サーディン

古代ローマ時代の一世紀の網針も出土し、キネレット・サーディンを水揚げし、塩漬け加工して出荷する工場もあった。この魚を別名「マグダラの魚」とも呼ぶ由縁である。
ティラピアが男性のペトロの魚

キネレット・サーディンのフライ

ならば、キネレット・サーディンは女性のマリアのいたマクダラの名がつく。どちらも湖では重要魚種であるのには違いない。

湖では舟を使った巻網漁が一〇人程度によって行われる。湖の中では大掛かりな漁である。魚影を見つけると網を降ろしていき、袋で包み込むようにして魚群を巻き獲る。獲った魚は魚を運ぶための鉄製の底の浅い曳き舟に積み込み、引っ張って港に運び込む。港に帰ると、その他の魚も入っているので、選別をしながら、氷を入れてトロ箱にどんどん詰め込んでいく。港には舟のドック、それから網を収納する倉庫などの設備が建ち、とき折り漁師が網を手入れしている姿が見られる。

湖岸のレストランではメイン料理ではなく、季節のサラダの一つとしてフライにして客に出す。淡水の湖で棲息しているせいか、一般的なイワシに比べ身が淡泊であっさりし、青身魚特有の味は強くない。強いていえば青身と白身の間のような感じだろうか。

湖で一番漁獲量が多い魚だが、さすがに養殖はやっていない。イワシは一般的には年によって漁獲量の増減が激しい。キネレット・サーディンも例外ではなく、私が滞在していたとある年にはまったく獲れず、漁は中止だという声も耳にした。

大型の魚のようにそれだけで食を満足させるものではないかもしれないが、「マグダラのマリア」が世俗の女性たちの希望の星となったように、生き続けてもらいたい。

3 キリスト教を巡る周囲の世界―イスラム世界の魚と人

イエスが生まれ育った地を含めた今日の西アジアは、ユダヤ教徒、キリスト教徒はいるものの、圧倒的にイスラム教徒が暮らす世界となっている。ここでは黒海、マルマラ海、エーゲ海に面したトルコやペルシャ湾岸のアラブ首長国連邦などの地域を見たい。

キリスト教と魚との関係を理解する上でも、同じ一神教に基づくイスラム世界の魚と人の関係について幾つかの魚を取り上げる。

①魚食とイスラム

日本では「マホメット」として知られるイスラムの開祖「ムハンマド」は、広大なアラビア半島の紅海側のメッカに紀元後五六七年に生まれた。その彼にユダヤ教、キリスト教と同じ神の啓示が断続的に下り、まとめられたものがイスラム教徒の聖典「クルラーン」となっている。そして神の意志への恭順を「イスラム」と呼んだ。ユダヤ教から始まる一神教の系譜の中で、最も後発の宗教である。

イスラムの食に関する規定は、キリスト教よりもユダヤ教により近い。また、規定も動物、鳥類の話が主体で、ここに述べられる以外は食べることができる。食に利用する場合は、「アラーの御名において」と唱え、一気に喉元を掻き切るという屠殺のやり方が問題となる。殺すにあたって苦しめてはいけないということで、魚の問題でも重要となる。処理がきちんとされていないと、彼らは食べることはできない。

実際には、食も含めて彼らは「シャーリア」と呼ぶイスラム法に基づいて生活をしている。一般的には、水の中以外では生きられない魚は「ハラル」、つまり食べることが許されている。こうした部分の解釈はやや曖昧なようで、時代によっても地域によっても少し違うようだが、それでもユダヤ教に比べると、可食の範囲は広い。

②イスタンブールのサバサンド

アジアとヨーロッパ大陸にまたがるトルコ共和国、中でも東西文明の境となっているのが海峡の街イスタンブールだ。街は、紀元前七世紀頃のギリシア植民都市ビザンティウムから始まり、紀元三二八年キリスト教が国教化されたローマ帝国の首都コンスタンティノープル、一四五三年のオスマン・トルコ、一九二三年のトルコ共和国成立へと幾多の文化が積み重なっている。国内にはイスラム教徒は多いが、地域では数少ない世俗国家である。

今日のトルコ共和国は北から内湾の黒海、マルマラ海、エーゲ海、地中海に面しており、それぞれ海に糧を求めて活躍する漁師がいる。内陸で暮らし、元来の生活スタイルが遊牧であるトルコ民族は、本来は魚とは縁が薄かったかもしれないが、イスタンブールを攻略して以後は魚食とも縁をもった。

海に囲まれている海峡の街イスタンブールは魚食も盛んで、シーフードレストランも多い。ボスポラス海峡に沿った地域は、アジア側もヨーロッパ側もシーフードを売りにする店も多い。中でもマルマラ海に面した旧市街のクンカプ地区の他、新市街の市場である「チチェキバザール」、新市街と旧市街を結ぶ金角湾に架かるガラタ橋の下には多くの客で賑わっている数多くのシーフードレストランが集中する。

魚を扱う鮮魚店も数多く営業をし、こうした地域の他、ガラタ橋の新市街側の岸壁にも新鮮な魚を扱う魚屋が並ぶし、アジア側のウスクダラも店を構えている。最近では新鮮な活魚も売って

ガラタ橋で釣りをする人々

いる。店頭に並ぶ魚は、日本とは違いエラ蓋を開け、赤いエラを見せて並ぶ。エラをしっかりと見せるのは、魚の新鮮さを見せる演出なのだ。

また、ガラタ橋、あるいは周辺の岸壁から湾に釣り糸を垂らして釣っている人たちも多い。魚は日本でも馴染みのアジで、現地では「ノルウェル」と呼ぶ。青魚のアジは日本でも一般的な大衆魚だが、こちらでも広く親しまれている。

イスタンブールといえば、ガラタ橋側の旧市街エミノニュー桟橋にある「バルク・エキメッキ」と呼ぶサバをサンドイッチにしたサバサンドが名物として知られる。岸壁にはボスポラス海峡巡りの観光船、アジア側の街ウスクダラとの間など多くの船が次々に発着していて人々が出入りをしている。

イスタンブール名物のサバサンドだが、船の安全運航上支障があったのか、現在は、舟はまと

サバサンドを売る舟

まって同じガラタ橋の北側に移動した。岸壁には席も設けられ、サバサンドが提供され、変わらずに繁盛している。調理場は大きなドラム缶を輪切りにしたようなものに火を入れ、店員はトルコの伝統的な民族衣装を着て、開いたサバを次々と焼いていく。

サバは燻されて適度に油が落ちているが、最近は鉄板の上でそのまま焼いているので少し味が変わったように思う。そして客の注文により、「エキメッキ」と呼ぶフランスパンのパリジャンタイプのハーフサイズパンの横を切り、サバとタマネギ、ピーマンなどの野菜をタップリと入れたサンドイッチを出す。

サバは魚類の中では最も多いスズキ目に入り、カツオ、マグロと共にサバ科という大きなグループを作っている。アジ、イワシ、ニシンと共に世界的にも食される魚である。

サバを焼く

イスタンブールのサバは「タイセイヨウマサバ」で、ヨーロッパのノルウェーからアフリカのモロッコまでの沿岸、地中海、黒海に棲息している。

もちろんサバサンドに使うサバは黒海で獲れていたが、近年は著しく減り、大部分は地元産ではなく、ノルウェーからの輸入品である冷凍サバに頼っている。日本のサバもイスタンブールと同じくノルウェーなどからかなり輸入されている。

アジアの東西が、同じ地域からの輸入サバによって結ばれている。それぞれ同じ魚で料理法も焼きサバだが、片やご飯のおかずに、片やサンドイッチの具材にという違いがあるが、いずれも主食との組み合わせだ。その差が即ち文化の差なのであろう。

洋の東西、高級魚でなく大衆魚のサバは、人々

ダウ船の建造

から食として宗教的にも問題もなく、利用されてきた。

③エイ、サメなども食べるアラブ首長国連邦

日本にとって生活、産業に欠かせない原油、天然ガスの供給地がペルシャ湾岸地域である。その湾岸地域の入口に位置しているのがアラブ首長国連邦で、七つの首長国から構成されている。日本ではとくにドバイ首長国、アブダビ首長国が知られていようか。

ここは広大な砂漠というイメージの強い国だが、海に面し「海のシルクロード」と呼ばれる交易ルートにあたり、船を使い航海の民が海上を行き来した。陸の移動手段はラクダ、海は舟だ。今も木造の「ダウ船」を建造する造船所も見られる。

また、魚を獲って生計の糧として暮らす漁撈の民が今もいて、彼らの祖先が暮らした街も遺跡として

網の手入れに勤しむ漁師

残されているし、獲った魚も魚骨として出土し、往時の生活がうかがえる。そして、今日でも意外と魚食をしている。

アラブ首長国連邦のシャルジャ首長国の港町の一つにディバという港町がある。西はペルシャ湾、東はオマーン湾に面し、オマーン湾岸に沿って北はすぐにオマーン国境となり、南は首長国の一つフジャイラ首長国に接している。

南のフジャイラ首長国の街コールファッカンも含めて海に面したこの地域にも漁港はあって、水揚げされた魚を販売する魚市場も開設され賑わう。近くには獲れた魚を塩蔵する加工工場もある。塩蔵したものを内陸部でも利用したのである。魚の加工品を海岸部から内陸部へと運ぶための交易も古くからあった。

魚市場に並ぶ魚にエイ、サメなどが多いのも特徴であろう。シャルジャ首長国だけではなく、アラブ

ディバの港の舟

首長国連邦の市場でかなり並んでいるのを目にするし、姿形から目立つ。

ただでさえ、砂漠の国というイメージが強いこうした国の魚市場でエイ、サメを売っていると聞くと驚く人も多いかもしれない。エイ、サメはスズキ、サケ、コイなどの一般的な硬骨魚に対し、軟骨魚に含まれる魚である。ウロコも一般的な魚の持つウロコと違い、楯鱗《じゅんりん》と呼ばれるもので、ウロコとは判断しがたい。

軟骨魚の特徴として、尿の排出器官が未発達で体内にアンモニアが蓄積し、魚の臭さの中にアンモニアが加わっている。アンモニアのある点が保存に効果があり、かつての日本でも生鮮品が手に入らない山中でも腐敗が進まないのでエイ、サメは食べることはできた。

海から遠い農村の人々が利用した日本と同じで、砂漠の民が利用するものとしてこうした魚を

フジャイラ首長国の魚市場

重宝してきたのである

エイではウシバナトビエイが多い。ウシバナトビエイはその名のように頭部先端が潰れたように平たくウシの鼻に似ることから名が付く。西太平洋からインド洋にかけて主にサンゴ礁の海に群れで生活し、日本では沖縄や小笠原諸島の近海で多く見られる。尾を除いた長さは六〇cmになり、尾には強烈な毒針を持つ。

このエイをどのようにして食べるのか見たことがない。サメも一匹丸ごと大胆にグリルするので、同じように料理されているのだろうか。

サメでは、「アオザメ」と呼ぶネズミザメ科アオザメ属のサメが市場に並ぶ。種々いるサメの中では攻撃的なサメの一つで、背面が濃青色なのでその名が付く。世界中の亜熱帯から熱帯の沿岸域、外洋に比較的ふつうに見られるサメで、全長は四mほどになる。

魚の塩蔵品

サメ類の中では人にとって最も有用なサメで、フカヒレは最高級品として知られる。身も美味く、サメ一匹丸ごと焼いて食べるし、切り身にしたステーキでも食される。

イラクの「マッシュ・アラブ」と呼ばれている人々には、アラビア語で「カウサジ」と呼ぶサメの名を持つ人もいるという。サメは危険性もあるので、名を付けることによって悪霊も目をそむけるという。日本の縄紋時代にサメの歯をペンダントとして使ったのと共通性があるのかもしれない。サメの強さを借りて、悪霊を避けようとしたのであろうか。

タチウオも市場に並ぶ。世界中で食され、熱帯から温帯にかけて分布し、最大で一・二mほどになるスズキ目タチウオ科に入る魚である。漢字では「立ち魚」、また、太刀に似るので「太刀魚」と書き、金属質の銀色をし

ウシバナトビエイなど

ている。英語名の「cutlassfish」も「短剣魚」という意味であり、東西とも同じような名が付く。

スペイン・ポルトガルの対岸、アフリカの北に位置するイスラム教徒の多いモロッコなどでは重要魚で、アラビア語で「ベルト」という意味の「サムタ」と呼ぶ。平たくて長いということに変わりはない。この魚はウロコの代わりにグアニンによって覆われており、生きているタチウオは美しく輝いている。

這いずるエビ・カニ類は、ユダヤ教では食することはできないが、ここでは売っている。

まず、エビではイセエビ科に入るゴシキエビが見られる、体長三〇㎝ほどのカラフルなイセエビである。日本でも本州中部から南の海域、インド洋まで広く棲息する。沖縄では刺網で獲る。しかし、イセエビ科としては美

魚市場に並ぶアオザメ

味とはいえないようで、食よりも観賞用に剥製として販売されることも多いのだが、地域では食されている。

洋の東西を問わず立派な鎧、甲冑を着た武士、あるいは騎士のようにも思え、風格も見栄えが良いこともあってイセエビ類は高価である。ここも同じで「カンドゥーラ」と呼ぶ現地のアラビア服を身に纏った人が買い上げていた。

カニでは、ワタリガニ科に入るモンツキイシガニの姿がある。色、形ともイシガニにやや似ているし、殻もやや厚い。日本近海からインド洋、紅海まで分布し、数年前から駿河湾や紀伊半島沿岸でも見られる。

イスラムもユダヤ教と同じく食の規制があるが、エビ類については食の禁止ということはないようで、需要はある。

ゴシキエビ

④イカ、タコを食べる

ユダヤ教ではタブーの魚だが、あまり魚に馴染みのない人たちにとっても一般の魚と比べると、かなりかけ離れていると思うのがイカ・タコ類であろう。イカ・タコ類は頭足類に属し、タコは八、イカは一〇本の脚を持っている。

だが、イカは脚はありウロコは無いが、ヒレがあり海中を泳ぐ。同じ頭足類でも、腹部が頭部のようにも見えて底を這って歩くタコとは違い、イカはタコよりも魚に近いと思えるかもしれない。おまけに、陸に揚げてもイカは身動きできないが、タコは這って移動もできる。魚というカテゴリーから考えても、タコの方がより逸脱が強い。そうした理由もあるのか、イカを食する地域はタコに比べると、広くかつポピュラーである。

ギリシアの影響を強く受けたイスラム教徒の多いトルコでは、イカはギリシアのタコと同じよう

タコとイカを手に取る料理人

に、干して切ったものを「ピラキスィ」と呼ぶマリネにしたものがレストランのメニューにも載るが、タコよりは一般的である。

タコはギリシア語で「アゥタポット」と呼び、

「タコ食い民族」のギリシアほどではないが、それでもシーフード店では目にする。「どうですか」といった感じで店員がしばしばタコをつかんで見せる。からかい半分もあろうが、珍品といった扱いである。

イスラム教徒が暮らすアフリカ大陸側のチュニジアのガーベス湾で、見突き漁と共にタコ壺漁が行われているのが報告されている。

獲ったタコは主に干しダコに加工し、ギリシア、フランス、イタリアへ輸出し、漁民の貴重な現金収入に貢献している。また、エジプトのアレクサンドリアにも輸出されていたが、これは記録により古代まで遡る事が知られる。

シャルジャ首長国のディバの漁港では、現地で「ダヘール」と呼ぶ、底が平たく上が盛り上がった、タコ焼き、饅頭のような形をしたタテ一m、ヨコ二mを越すような鉄製の大形の筌を多く目にし、目立っている。

この地では一般的な漁具で、ペルシャ湾岸のラス・アル・ハイマ首長国でも使われている。コウイカなどが入るようで、岸壁にも処理をした名残りであろうか、コウイカの甲が散らばる。日本のコウイカを対象としたイカカゴにも似ており、漁法としては「潜函漁《せんかん》」に入るものだ。また、袋網などにも使っている。

イスラム教徒が多く暮らすペルシャ湾のものは、日本のイカカゴに比べるとはるかに大きいが、コウイカの習性を利用した点では一緒で、洋の東西、漁師は対象となる獲物の習性をしっかりと観察していたのだろう。

漁の対象となるのは、日本の南西諸島以南の熱帯サンゴ礁に棲息しているアラビア語では「ハデル」と呼ぶ胴の長さは五〇㎝くらいになる大形のイカである。

地中海の東端に面するイスラエルの南、イスラム教徒が暮らすパレスティナ自治区のガザの浜辺でもイワシと並び、イカが水揚げされている。

さすがに刺身などの生食はないが、イカは「カラマリ」と呼ばれ、身はリング状に、ゲソも唐揚げした「カラマル・タワ」は、レモンをさっと掛けてタルタルソースで食べる。コウイカなので小型であっても肉厚でプリプリし、注文をする客もかなり多い。

港のダヘール

同じようにイスラエルのテル・アヴィヴの南、イスラム教徒の多いヤッフォの港でもシーフード料理が提供されているが、イカのカラマリは人気が高い。

イカはスペイン、イタリア、ギリシア、トルコ、イスラエルなど地中海、エーゲ海に面する地域、ペルシャ湾岸でもポピュラーな食材で、市場でも一般的に良く目にする。キリスト教徒、イスラムの人たちにとっては、馴染みと好みの問題はあるかもしれないが、別段禁断の食べ物ではない。

イスラム諸国でも食べるし、地中海に面した国々でも一般的な食材である。

⑤皇帝魚ハマフエフキダイ

フエフキダイはスズキ目フエフキダイ科フエフキダイに属し、日本では口元がちょうど笛を吹いているように見えることから名づけられた。中で

カラマリ・タウ

も「ハマフエフキダイ」はフエフキダイ科の中では最も大きくなる。

体形がタイに似るので日本ではタイの名が付くが、タイ科の魚とは違いフエフキダイ科に属する魚である。大きいものは一m近くにも成長し、日本では沖縄以南の地で高級魚とされ実際とても風格があり、好まれる。

体側の各ウロコには鮮青色点があり、眼から口に向かう二〜三本の青色線が入るとても美しい魚だ。西部太平洋からインド洋、紅海に広く棲息し、日本では千葉県以南の砂礫底岩礁域にいる。

アラビア語では「シャーリア」と呼ぶ。英語圏では一般的に皇帝魚「emperor fish」とも呼ばれ、立派なヒレが目立つ。日本でタイは「魚の王様」だが、フエフキダイは「魚の王様」より一段とハイクラスな皇帝魚となっている。確かに堂々として見栄えが良い。

漁場に近づく

以前、ディバという港から釣り船に乗る機会があった。ここは古の海上ルートの交易港であり、対岸はイランとなる。

港から出港し、ホルムズ海峡に面した島の岩礁が釣り場なので、二時間弱も掛けて海上を半島沿いに北に向かって突っ走っていった。進行方向右手、海の彼方にはイランの山々が見えるはずだが、砂が舞い上がっているせいか、水平線上がボンヤリとしてはっきりしない。しばらく半島に沿って海上を走ると、魚を獲って生きるウミウが多くいる島も見え、岩場がウの糞で真っ白になっている。あたり一帯に魚が多い証拠であろう。

目的地に着くと釣り竿ではなく手釣りで楽しむ。網よりも相手の獲物と一対一で対峙できる手釣りの方が、漁の醍醐味を堪能できるのであろう。

漁の主な獲物は「ハマフエフキダイ」で、生きているマダイは桜色に青色斑点が輝く魚ならば、こちらは黄金色の中に同じように青色斑点が映えて美しく皇帝の風格がある。釣り上げられたときの印象もマダイに近い感じで背ビレがとても目立ち見栄えがする。

舟にはガーミング社製の海中レーダーを搭載し、それを使いながら魚影を探り、釣り糸を垂れるが食いが悪くなると魚影を追いながら移動し、都合三カ所ほどで漁を行なった。

竿を使わない手釣りは、日本では高価な魚を一匹狙いとするプロの漁師が行なう漁だ。付近の島の磯近くで数名の漁師も小型の舟で操業中だったが、これは小規模な刺網の漁だった。趣味の手釣りでもけっこうな量が釣れたが、同乗していた釣り人たちを見ても、フエフキダイを釣り上げたときの喜びはやはり格別であった。

釣り上げられたハマフエフキダイ

彼らは職業的な漁師ではなく、遊漁者、磯釣りファンだろうが、フエフキダイはそうした人々の喜びを適える最高の獲物なのであろう。

釣りを楽しんだ後、港に帰港し、獲れたハマフエフキダイを貰い、宿舎に帰って内臓を取り出しウロコを剥がして切れ目を入れてオーブン焼きにした。白身で小骨も少なく、身離れも良く実に美味で、皇帝魚と言われるだけのことはある。アラブ人の伝統的な食事スタイルのように、フォーク、ナイフを使わずに手で食べることもできる。

ディバの南にあるアラブ首長国連邦を構成するフジャイラ首長国の一四〜一五世紀の遺物も出土している港町コールファッカンの遺跡の発掘でも、このフエフキダイの骨が多数出土している。ここで重宝された魚であるに違いない。

⑥天国の装い真珠

真珠は食として利用されるものではないが、貝から獲れる産物として古くから知られ、東西世界の交流に大きな影響を与えた。

真珠を生み出す貝は総称として、真珠貝とされる。真珠貝にはアコヤ貝が知られているが、その他にアワビ、クロチョウ貝、シロチョウ貝などがある。

日本で御木本幸吉により三重県の英虞湾で、一八九六年（明治二九年）、アコヤ貝による真珠養殖が開始される以前は、世界的にはアラビアのペルシャ湾が一大産地として知られ、このペルシャ湾も日本と同じように、アコヤ貝が真珠の母貝だった。食用とするカキではないが、英語では「peal oyster」と言う。また、この世界では、形と色合いからか真珠は「魚の目」と呼ばれていた。

ここの真珠はすべて天然真珠で長く東の世界、西の世界ともに大いにもてはやされていたが、今日では真珠採りは消滅してしまった。

このペルシャ湾の真珠産業の壊滅は養殖真珠の出現とその後の輸出が原因に挙げられているが、第一次大戦の勃発によって需要が控えられたことも真珠産業の衰退の一因とされている。海中に潜って活動する潜水は身体に多いに負担が掛かり、かつ常に危険を伴う。サメなども棲息しており、大変な作業であったに違いない。それでも真珠は高価なので、代償に値したのであろう。

真珠採り操業図（ラアス・ル・ハイマ博物館）

ラクダと共に生活をする究極の砂漠の民ベドウィンも、季節によってはペルシャ湾で真珠採りの漁師になっていた。砂漠の生活と海の生活という、一見相反するライフスタイルをもっていた。

季節になると、砂漠から生活環境のまったく違う海へと向かい、今度は真珠を採る潜り手として海中に飛び込んでいった。「海のベドウィン」と呼ばれていた。女性の海女もいる日本と違い、白い潜りの衣服を付けた男性の手

真珠貝と道具（ラアス・ル・ハイマ博物館）

によって行なわれていた。

彼らが真珠採りに使った舟、道具、衣装がアラブ首長国連邦のラアス・ル・ハイマ首長国、フジャイラ首長国などの博物館にも展示してあり、往時を偲ぶことができる。

日本では、「磯着」という潜りの時に使う衣装を見ると、白い上下の薄い服を身にまとって潜っていたことが知られる。水中で目立つからこのような恰好をするのかもしれないが、日本とは遠く離れているが、共通する海の文化も強く感じられる。

アラビア一帯では陸の交易手段がラクダならば、海は舟となる。ラクダと舟は遠い世界を結ぶ最大の交通手段だが、運べる量は舟が圧倒的に多い。

既に紀元前一世紀には、六月から九月に吹く季節風に乗り直接インドまで航海する

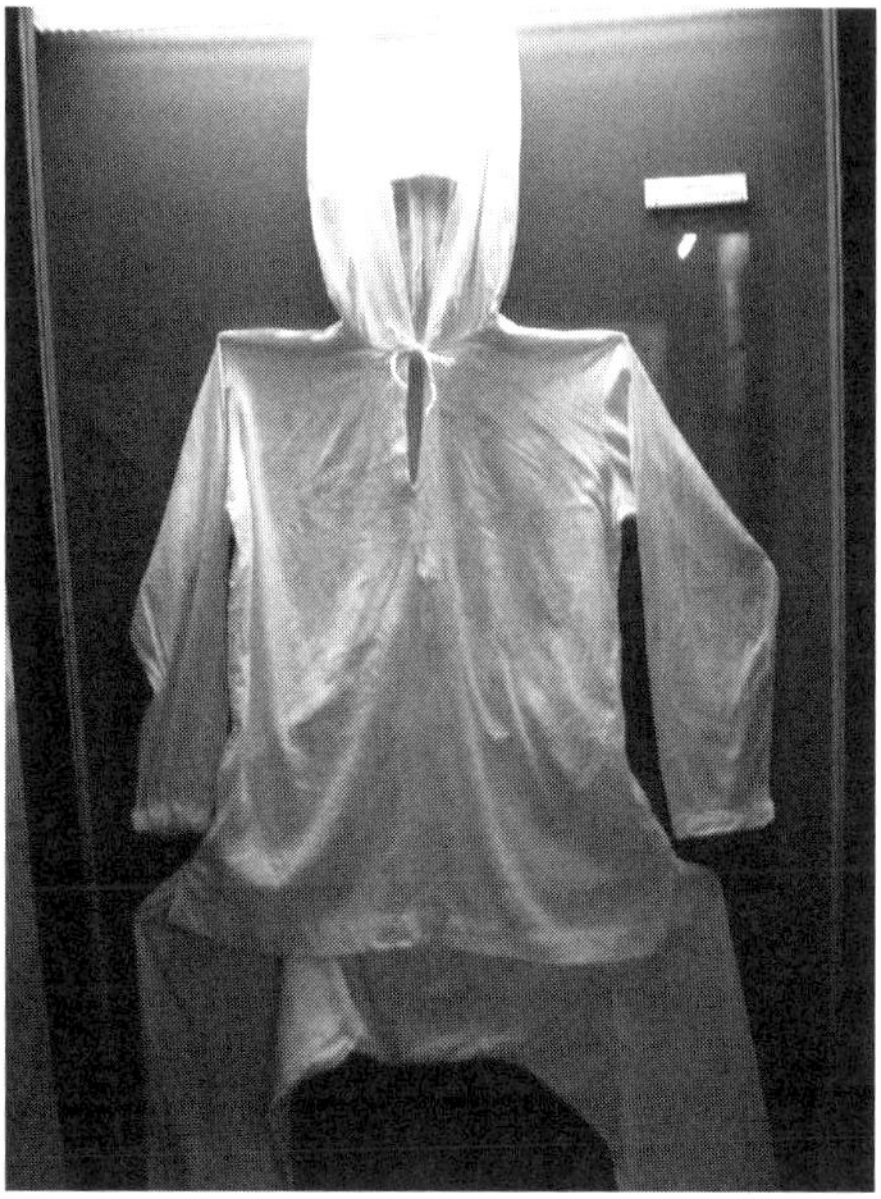

真珠採りの服（ラアス・ル・ハイマ博物館）

ことができるようになったという。それ以前も沿岸に沿って人々は航海していた。ペルシャ湾、紅海からインド洋一帯は彼らの守備範囲に入っていた。沿岸一帯には海で暮らす人々もおり、「イクテユオパゴイ」、即ち「魚を食べる人々」とギリシア語で呼ばれる村々があったことが記載されている。

　一九世紀頃の記録によると、ペルシャ湾岸の輸出品はナツメヤシと共に真珠とフカヒレであったとある。ナツメヤシはこの一帯での需要のためで、真珠は主としてヨーロッパ、フカヒレは中国向けのものであった。海上交易の地らしく東と西を向いていた。

　真珠の歴史を少し遡ってみると、紀元前四〇〇〇年頃のイラクのウバイド遺跡、サウジアラビアのア・ハミスという遺跡から真珠貝が大量に発見され、ラアス・ル・ハイマ首長国の紀元前一〇〇〇年頃のシマール遺跡からも真珠貝が出土している。

　真珠はアフリカから東の海で産出していたことが知られ、ペルシャ湾からインド洋も含まれる海のシルクロードに沿った地域で採れていた。

紀元前二五〇年成立した古代イランの王国で、中国では「安息」と記載されたパルティア王国では、ペルシャ湾で採れていた真珠を、王権のシンボルなどに使っていたようだ。

ヘレニズム文化を代表する王朝が、プトレマイオス朝（紀元前三三二年〜三〇年）だ。ギリシア系の王朝で地中海に面したアレクサンドリアに都があり、その最後の女王が一般にクレオパトラとして知られるクレオパトラ七世（?〜紀元前一七年）である。

ローマとの戦いの中で、こうした経緯があるので、彼女とローマの将軍ユリウス・カエサル（紀元前一〇〇年〜紀元前四四年）との間の子供であるカエサリオンをインドのゴアに逃がそうとする話が出てくるのもうなずける。海上の交易路も意外と古くから開け、インドのゴアは遠隔地ではあったろうが、まったく未知の世界ではなかった。

そのクレオパトラ七世にも真珠にまつわるとても有名な話がある。それはカエサルが暗殺された後の事、カエサルの後継者の一人とされたローマの将軍アントニウス（紀元前八三年〜三〇年）を招いての席でのことだった。

世界一のご馳走でもてなすということで、クレオパトラは耳飾りから真珠を取り外して酢の中に入れて溶かし、アントニウスを驚かせたという話が伝えられている。知性と教養の高かった彼女に対し、少々野暮な軍人であった彼をからかった面もあるが、いずれにしても真珠はそれほど貴重で高価であったことがうかがえる。

古代ローマの博物学者で、ヴェスビオ火山の噴火に巻き込まれて亡くなったプリニウス（二三／二四年〜七九年）が書いた『博物誌』では、真珠はあらゆるものの中で最も貴重な珍品、という評価がされている。

ペルシャ湾の真珠は広く知られ、ギリシア語で真珠は「マルガリータ」だが、ペルシャ語から来ているとも言われる。ペルシャ湾で採れた真珠がペルシャ、ギリシアを通してヨーロッパ世界へと流入したのだろう。日本語では「珠子」であろうが、マルガリータと名の付く女性は多い。同じペルシャ湾に面するバーレーンは、「パールアイランド」と呼ばれていたほど真珠の産地だった。

聖典「クルラーン」にも、エデンの園は金や真珠の腕輪で飾られ、着物も絹製である。あるいは神は活きの良い魚肉をとって食べたり、身に着ける飾りものを採取することができるように海を役立てたもうお方であるなどと書かれ、真珠の記載がある。

天国で身に着けることができる最高のものに真珠が上げられている。真珠は果物のオレンジと同じように天国に相応しいものと考えられていた。もちろん、キリスト教でも天国の門は真珠で飾られているのである。

ヨーロッパ文化の中で、一四世紀から一六世紀にかけてルネサンスがあり、続いて一六世紀後半にバロックを迎えるが、バロックとは「いびつな真珠」を意味するポルトガル語からきている。ルネサンスは均衡、シンメトリーを目指して円形を多用したが、それに対しバロックはいびつ、即ち楕円形を多用する。楕円なので動きが出るという観念だ。静から動への転換である。

オランダの画家フェルメール（一六三二年〜一六七五年）の作品に『青いターバンの少女』、別名『真珠の耳飾りの少女』がある。ターバンも真珠も異国のものだ。数少ないフェルメールの作品に真珠が登場する。奥様から借りたとも、大きさからかイミテーションではないかとも言われている。彼女が身に着けている真珠とすると、当時とても高価なものである。今も結婚三〇周年の記念日を「パール・ジュビリー」と言うほど、ヨーロッパで真珠は貴重なものである。

このように古くから東西世界、そしてイスラム世界でも貴重なものとして考えられていたのが真珠だった。

II　ヨーロッパ世界の魚文化
――キリスト教発展の地の魚と漁

一神教が誕生した西アジアに対し、私たちにもより馴染みと親近感を持つのが、キリスト教が大多数のヨーロッパ世界であろう。

古代ローマ帝国時代、紀元後三〇年頃とされるイエスの処刑後、弟子たちの手により教えはローマ世界へ伝道されていく。彼らは迫害を受けながらも信者を増やし、紀元後三一三年イタリアのミラノでローマ皇帝コンスタンティヌス(二七二年～三三七年)によってキリスト教は公認される。

こうしてキリスト教はローマ帝国内の地中海世界から、後には、ローマ帝国を超えて北のアイルランドを含めてヨーロッパ全域に広がっていった。

もちろん、キリスト教以前には、その祖は紀元前二〇〇〇年にも遡るのかと思われる古代ギリシアの神々も活躍したし、各地域には土着の神々もいた。キリスト教も地域的な習慣と接触し、文化的には様々なものを生んでいく。

生活の中で魚を獲って食べるということも、キリスト教以前からもちろん行なわれていた。ただ、キリスト教の場合はユダヤ教の聖典「聖書」を「旧約聖書」として引き継ぐものの、食に関してはユダヤ教、イスラムのような、例えばブタ肉の禁止、あるいはお祈りをして屠殺したものしか口にしてはいけないといった規制はない。地域に暮らしている人にとって馴染みがあるかないかは別として、ユダヤ教、イスラムに比較すると可食の範囲は広い。

食生活の上ではキリスト教も宗派、地域、人によって違いはあるが、日常生活をする上では、日々の「食前・食後の祈り」のように神に感謝して食べるということ、あるいは季節の宗教カレンダーに従ってはいるが、けっして犯してはならないという宗教上の禁止を伴った強い規制はない。

ヨーロッパ世界においても魚は地域に棲息し続けているが、ここではキリスト教以前とキリスト教が入って以後に様々に解釈されていく魚について幾つか上げていく。

1キリスト教以前の魚

①ギリシア神話アルテミスの捧げものマグロ

市場のマグロ

マグロはサバ科マグロ属の魚で、温かい海を好み世界中の温帯～熱帯にかけて七種が棲息している。中でも、クロマグロは「ホンマグロ」とも呼ばれ、体長は一般には二mほどだが、中には四m以上に成長するものもいる。

英語では「ブルーフィン」とヒレの色で呼ぶクロマグロだが、「タイセイヨウクロマグロ」と呼ばれる大西洋系のクロマグロは地中海に回遊し、黒海にまで入ってくる。

また、とくにクロマグロのことを「horse mackerel」とも言うが、大形で黒々としてツヤツヤしたステイタスシンボルであるウマに値するものと考えたのかもしれない。確かに大きさから見ても、立派である。

イスタンブール水族館のポセイドン像

ギリシア神話の中で、ゼウスの兄弟で海の神ポセイドンは「三叉の鉾」を持っているが、これは狩猟具のヤリではなく、水中の獲物を突き刺すための漁具である。イルカなどのクジラ類、あるいはマグロ、それからトビウオの捕食魚としても知られるシイラなどの大型の魚を獲るのに使う漁具が、個人の技量に負う部分が多い刺突具である。海の支配者ポセイドンに相応しい持ち物だ。

歴史的に見れば、ギリシアのアテネの西、ペロポネソス半島の鍾乳洞で見つかったフランクティ遺跡では紀元前七〇〇〇年〜六五〇〇年と考えられるマグロの骨が釣鉤や解体するのに使った黒曜石のナイフと共に出土している。

エーゲ文明の人とマグロ（アテネ考古学博物館）

この時期には食用として利用されていたのだろう。その後のギリシア文化の中にもマグロと思われる壁に描いたフレスコ画、陶器なども見つかっている。

また、神話の中では、ゼウスの娘で太陽神アポロンの双子の月の女神で処女神アルテミスの捧げものとして知られる。生贄にしようとする場面を描いた紀元前五世紀頃の黒絵式ギリシア陶器がある。大型で見栄えがし風格のあるマグロは、生贄にもってこいのものであったのかもしれない。

シチリア島を含めて南イタリアのナポリ以南の地は、ギリシア語のネアポリス、つまり新都市からナポリが生まれている。古代ギリシア人が移住してきて植民市として発達した場所である。ギリシア都市がアグリジェントなど各地で営まれ、ヘラ、アテナなどのギリシアの神々が祭られている。ギリシア人の食習慣が持ち込まれた。

ギリシア文明の後継者を任じた古代ローマ人もマグロを大いに好み、獲るにも手間が掛かり、大形で見栄えがするからであろう。ステイタスを持っていた。スペインのカデスではクロマグロが登場する銅貨も出土している。いつの時代でも貨幣の図柄は象徴的なものが使われる。高級魚としての歴史は古い。

イタリア半島の南部ナポリ湾沿岸地帯は、風光明媚で温暖なのでミセヌムなど古代ローマ人が好んで別荘を建てた。古代ローマ人はウナギ、ウツボ、ヒメジ、マグロ、カキなどを好んだことが知られ、当時、それらの魚を飼う養魚池を持つことが貴族のステイタスにもなっていたという。

マグロは重宝されていたようである。古代ローマでは獲ったマグロは塩漬けに加工していたが、アフリカ側にあるモロッコのパエロ・クラウディアの遺跡では、加工に使った塩漬けタンクなども発見されている。

また、彼らはマグロのメスの卵巣も好んでいたようで、ボラから作ったカラスミは「ボッダルカ」と呼ぶが、「マグロのカラスミ」という意味の「トンノ・ボッダルカ」と呼ばれ、イタリアのシチリア島などで作られている。パスタにボラのカラスミを擦ってかけるというのと同じような食べ方も見られる。

今もクロマグロは季節的には春から夏にかけて地中海に入り。産卵をする。イタリア半島の長

様々なカラスミ（右端はマグロ）

靴の先、シチリア島の沖は産卵場として知られる。四月〜六月にかけて、ここに集まってきたクロマグロを狙う漁が盛んだ。漁は定置網、巻網などの網漁の他、舟から突き刺して獲る刺突漁などでおこなう。

また、刺突漁だけではなく、網に入ったマグロを回収するのも命がけとなる。舟に引き上げるときに尾ビレなどで叩かれたら人は大変なケガを負うし、ときには死者が出ることもある。地域で暮らす男性にとって、マグロと格闘して獲ることは男性性を誇示できるようだ。魚だが子ウシほどの大きさを持つマグロを獲るのは、感覚的には狩猟に近いだろう。

ただ、ファイトをするマグロは漁師にはこたえられないであろうが、必死になって暴れまわるので体温が上昇しマグロの身が傷む。流通の発達によって世界各地から高価に買い取る日本の業者が

魚屋に並ぶメカジキの頭

入った結果、勇壮なファイトは見られなくなりつつある。

　マグロといえば、日本ではカジキマグロと称され、・・・マグロと名が付いてマグロの一種のようになっているものに、マカジキ科の魚がある。このマカジキ科のマカジキ、バショウカジキ、メカジキ科のメカジキも地中海に棲息する。

　中でもメカジキはとくにヨーロッパの中では好まれる魚である。延縄、あるいは舟から刺突具を繰り出して豪快に獲物を突き獲る勇壮な「突きん棒」などで獲られる。切り身にした後、グリルしてステーキなどで食べる。

　シチリア島沖などでも獲れるが、パレルモ市内のバッラロ市場などに行くと切り落とされた鋭く長く尖った上顎を持つ頭の部分が飾られている。貴族の館などで頭を飾ってあるシカなどと一緒で華があるのだろう、ディスプレイになっている。

魚屋に並ぶハガツオなど

マグロと同じ熱帯性の魚で、太平洋産も大西洋産も一種類なのがカツオである。カツオは勇壮で伝統的な一本釣りで獲ることが多かった。しかし、最近では網漁で獲るように変わってきている。

カツオは日本ではカツオでマグロとは区別されているが、外国ではツナにはカツオも入り、マグロと分けてはいない。広く知られているツナ缶は「ホワイトミート」と「ライトミート」に分けられ、「ホワイトミート」はビンナガマグロだけ、「ライトミート」には他のマグロとカツオが入る。カツオはツナ缶に用いられる代表的な魚となっている。

地中海にはカツオと違い、もう少し沿岸性のハガツオも棲息し、トルコ語では「Palamut Torik」と呼ぶ。プリプリとした張りのあるメタリックな魚体で、イスタンブールの魚屋でも数多く売られており、姿が目立つ魚である。

スモークサーモン

②ケルトの祝いのサケ・マス

マグロが熱帯、温帯域の魚ならば、サケ・マスは寒帯、温帯域に棲息する魚である。ただ、マグロとは違いすべて淡水域で産卵する特性をもつが、一生を淡水域で過ごすもの、あるいは海に出て回遊するものがある。サケ・マスと一緒に呼ぶように、分類は極めて難しい。

いずれもサケ目の魚で、その下に科、属、種と分かれる。サケ属の学名は「鉤状の鼻」ということから付けられ、川を遡る産卵期のオスの形状を指した。サケ・マスは魚体も大きく脂ものって美味なことから、ヨーロッパでも好まれている。保存のために燻製にし利用してきた。

燻製は「スモークサーモン」としてヨーロッパ人だけではなく、今日では日本人にとっても馴染みのものである。コース料理の前菜のひとつとしてスモークサーモンは欠かせない。イギリスではスモークサーモンを注文するとき、燻製の時間を指定もした。それだけ気を使うということは生活に密着したものという証であろう。

　棲息域はむろん日本周辺も含まれるが、北太平洋、オホーツク海、ベーリング海域などが多い。大型になるサケ属のキングサーモンはアラスカ、カナダなどが中心で、成長すると一・五mにもなる。

　ヨーロッパに紀元前七世紀頃から定住し、後にラテン民族、ゲルマン民族から征服されていった先住民族ケルト人も、サケ・マス類を神聖化していた。彼らの間にはヘーゼルナッツとなるハシバミで育ったサケを食べると、味覚が敏感になるという伝承がある。ハシバミも豊饒のシンボルで重要視されたものであった。

　海に回遊して大型化し、産卵の秋になって河川を遡ってくる大量のサケ・マスは冬を乗り切る貴重なタンパク源であったに違いない。古い時代から利用してきたものと思われる。日本の北海道、北アメリカの先住民も同じである。

　内陸の河川などでも獲れるわけだから、危険を伴う海での漁撈よりもたやすく手に入れることができるわけで、定期的にやってくる神の恵みであったのだろう。実りの秋の産物なのだ。大量に獲れたものを加工して保存食とした。

　ヨーロッパの場合、一般にサケと呼ばれるものはタイセイヨウサケである。古代ローマ人の言葉であるラテン語で、跳ねるという意味の「salmo」から、英名の「salmon」、つまりサーモンと名づけられたとの説がある。

この話は、ユリウス・カエサルが大西洋岸に注ぎこむ今日のフランスのガロンヌ川で、激流を遡ろうとするサケを見てこの言葉を放ったとも言う。

以後、果敢に川に挑むチャレンジ精神が高く評価されたのか、ローマ人の食卓に大いに用いられ、「ハレの魚」となった。事の真偽は別として何事もシーザーに起因することが多いヨーロッパだが、愛されたものには違いない。

竜門に挑んで竜となる中国のコイに似た話である。だが、実際は跳躍力の弱いコイとは違い確かにサケは産卵のためにひたむきに激流に立ち向かいながら遡る。こうした点が愛でられたのだろう。

同じようにヨーロッパの場合、マスと呼ばれるものはブラウントラフトを指す。大西洋から黒海、カスピ海などにも棲息している。

ナポレオン一世（一七六九年〜一八二一年）失脚後のウィーン会議（一八一四年〜一五年）からウィーン革命（一八四八年）まで宰相メーテルニッヒ（一七七三年〜一八五九年）が権勢を振るった時期、内向き志向の「ビーダーマイアー」と呼ばれる市民生活が誕生した。

この頃活躍した作曲家シューベルトの「マス」という作品のマスもブラウントラフトだ。郊外の川に泳ぐマスを歌うが、マスはこのような爽やかで清涼なイメージが強い。

マスはサケと同じように「すべての淡水魚の王」であるという。一六五三年にロンドンで出版

ザルツブルクのマス料理

された、釣り人のバイブルとして知られるアイザック・ウォルトンによる『釣魚大全』にもそうした逸話が登場する。

サケ・マス類は重要な魚で、「ハレの魚」ということになる。ハレの魚だからこそ、「ハレの場」であるレストラン料理の食材として欠かせないのであろう。前菜の他、メイン料理にも使われる。ハーブをふんだんに使ったマスの切り身にしたソテーもしばしば出る。音楽の都ウィーンでは、「ゲブラーテネザイブリング」と呼ぶマス料理も名高い。オーストリアは内陸国だから、伝統食として利用する魚は淡水魚であった。コイの地位は揺らいだようだが、今でもマスは愛されているものの一つである。

寒い冬を乗り切る地域では保存食が発達する。肉の保存食品のハム・ソーセージ・ベーコンが発達し、漬物にあたるキャベツの塩漬けザワークラウトで、北海に面した国々から運ばれてきた酢漬けニシンを食していた。

伝統を維持する傾向の強いこの地でも、最近多く見られる彩溢れるファッショナブルなシーフードレストランは塩の効いた伝統的なものから、健康がクローズアップされるようなこともあってか魚食に関しても少しずつ変化している。

それでも、やはりサケ・マスは高級な魚でステイタスをもつ。

③海のミルクのカキなど

ヨーロッパでは肉、果物、野菜なども生で食べるということは本来なかったが、例外的に生で食べるのがウニと貝類だ。フランスの冬の名物、砕いた氷が敷き詰められた上に美しく宝石が並ぶかのようにディスプレイされた「海の幸の盛り合わせ」にも貝も使う。

日本では「磯もの」の代表のような巻貝のアワビ、サザエはいないが、ウニは、意外にも地中海に面した一帯では食べる。しかも日本と同じように生でも食べる。イタリアのポンペイの遺跡から発掘された家の台所からも、ウニの殻などが発見されている。

イタリアの南部一帯では、潜水して人が直接獲る他、船上から箱メガネで海底を覗きながら漁具を行使して漁をする見突き漁も行なわれている。当たり前だが獲っている人は日本人ではなく現地の人だが、一見すると日本の風景と思えるほどである。

日本のムラサキウニとも近いヨーロッパムラサキウニは、形から「アリストテレスのランタン」

市場のウニ

とも呼ぶ。アリストテレス（紀元前三八四年〜紀元前三二二年）は古代ギリシアの哲学者だが、どうしてその名がついたのだろうか。

イタリア、フランス、スペインなどのヨーロッパ諸国の他、アフリカ側の地中海に面したエジプトのアレクサンドリア、チュニジアなどでも生食されている。イタリアの南部、シチリア諸島などではウニを使った濃厚なパスタが知られる。

海の幸の代表の貝では、日本の居酒屋などでもお馴染みの、長方形の棒のような二枚貝にマテガイがいる。

この貝は一〇cm以上の長さにもなるマテガイ科に属し、地中海にも棲息し、スペイン、ギリシアなどでは生でも食される。英名では（Goulds Jacknife clam）、別名「カミソリガイ」と呼ぶように、確かにカミソリのように見える貝である。滋味が際立つ軽くソテーにした料理もある。また、

パエリヤ

マテガイと比べて殻がやや反った少し形の違うマテガイモドキも食べている。

日本でのアサリ、シジミに相当するのが、庶民の生活に根付いたムール貝だろうか。やや高級品のカキと違いムール貝はヨーロッパではごく一般的に食べる貝である。色も貝殻は黒色をしてカキとは大きく違うし、この貝はヨーロッパでも生で食べることはない。

市場でも大事に一個ずつの感覚で丁寧に選ぶ高級品のカキとは違い、ザルに山盛り一杯といった感じで販売されている。貝殻、身の色からもカキとムール貝は対照的だが、どちらも好まれている貝には違いないだろう。

ベルギーでは、セロリなどの香草、白ワインがタップリと入った「ムール・マリニエール」などが名物で、日本でのムール貝のようにやや貧弱な油分が抜けきったようなパサついたものではな

オイスターバーのカキ

く、肥えていて美味しい。

また、地中海に面するスペインのバレンシアの湖沼地帯で稲作、漁撈に従事して暮らしていたイスラム教徒の料理が発祥のパエリヤにも入っている定番である。フランスでは一三世紀以降、養殖もされている。

だが、やはりヨーロッパで貝の代表となると、カキであろう。

カキは前菜としてだけではなく、新鮮なカキを提供する「オイスター・バー」は、ヨーロッパの中では比較的早くから現れたもので、今日大いに流行っている。

カキと言えば、フランスのカキはよく知られるが、本来は「ブロン」と呼ぶ丸ガキであった。一九六〇年代から一九七〇年代にかけて、赤潮の大発生によって地元産のカキが全滅し、急遽日本からマガキの稚貝を取り寄せて何とかしのいだと

レストランのブロン

いう。

伝統のブロンは、日本のカキと違い、丸みを帯びて帆立貝にも少し似た形をしている。マガキよりも滋味深い。今日、「ブロン」はとても貴重品で値も高い。

歴史的にもカキはヨーロッパで広く食されていた。波打ち際に近い場所に大量に棲息し、身も大きいので利用しやすかったのだろう。

ローマ帝国の頃、ローマ皇帝ハドリアヌス（在位一一七年〜一三八年）は「ハドリアヌスの長城」として知られるローマの防壁をスコットランドに築き、兵員が駐在する要塞も備えた。そこから大量のカキが考古学的な発掘によって見つかっている。こうした地域に進出した一因として、彼らがカキを好んだからということがまことしやかに言われるほど古代ローマ人はカキを好み、養殖もしていたことが知られている。

白い貝殻を開けると、豊かな真っ白い身が横たわっているカキは、大理石のようだ。たおやかなる姿が女性に例えられ、形から乳房にも比され、「海のミルク」とも呼ばれている。

かつて、アメリカでは結婚前の若い女性はカキを食べると想像妊娠をするから、食べてはいけなかったそうだ。理由は定かではないが、カキの持つ豊饒性、ミルクのように白いというのが女性と男性の両方ともに性的なイメージを抱くのかもしれない。確かに食べているのを見ていると、一個ずつ丁寧に、さも愛おしそうに口に運んでいる。

④古代ローマ人の愛した魚醤ガラム

一般に魚介を塩漬けにして発酵熟成させた調味料としての魚醤は、秋田の「しょっつる」、ヴェトナムの「ニョクナム」などアジアにもあるが、古代ギリシア、ローマでも魚を発酵させた魚醤「ガラム」を愛用した。地中海地域の古代ギリシア、ローマの人々にとっても無くてはならないもので、魚醤もウナギに掛けるタレとしても使っていた。様々な食べ物に「ガラム」を付けることをとても好んでいた人たちであった。

古代ギリシアの影響の強い七九年のヴェスビオ火山の噴火によって埋没した古代ローマの街ポンペイもガラム製造で知られた街で、ここから出荷したガラムを、ローマの人々は魚などに掛けて食べていた。ポンペイ産のガラムはアンチョビというカタクチイワシの仲間やサバが素材であったのだが、民族によって好みはあったようで、ユダヤ人はとくにサバを使ったものを好んだ

アンチョビ

という。

日本ではイカの塩辛も知られるが、古代ローマでもガラム製造にはこうしたものを使ったようで、イカ・タコなどの頭足類を宗教上忌避するユダヤ人向けにはわざわざ外したようだ。ユダヤ人にも魚醤を好んだ人がいたということだろう。当時のポンペイの製造業者も、出荷先に合わせてきめ細かく対応し造り分けをしたようである。

ガラムを作るための製造所が、ローマ帝国の属州であったフランス南部プロヴァンスのマルセイユ付近、地中海側のスペイン、及びビスケー湾一帯、フランス北部のノルマンディなど各地に遺跡として残っている。古代より地中海域を食に関するものとして伝播したのはワイン、オリーヴ油とともにガラムである。古代ローマ帝国は、さしずめガラム愛用圏とでも言えよう。

魚醤もイタリアでは近世になると一般的ではな

くなるが、地域的にはアンチョビを使った「アンチョビソース」として、あるいはフランスのプロヴァンス一帯にも「ピッサラ」と呼ばれるものとして残っている。

今日でも、ポンペイの南、ソレント半島の南、アマルフィ海岸に沿った漁村のチェターニでは、同じようにアンチョビを利用して「コラトゥーラ・ディ・アリーチ」と呼ぶ魚醤を製造している。獲れたアンチョビを樽に並べ、タップリの塩を入れた塩漬けにして重しを掛け、およそ二年掛けて熟成をさせた後、樽の底に穴をあけ、魚醤を取り出す。古代ローマ以来の伝統が今も残っている。また、地域ではウォツカベースのカクテルにも混ぜて飲む。魚醤とはいかずとも、漬けたアンチョビ自身は今もナポリ生まれのピッツァの具材にも使われる。

発酵品は人によって好き嫌いが出るものだが、古代ローマの人々は魚の味を大いに好んだ。日本でも独特のにおいを持つ伊豆諸島名物の「クサヤ」はトビウオ、アジ、サンマなどを利用している。意外に古代ローマ人は食べることができるかもしれない。

彼らはそれほど魚を利用したわけで、今日のヨーロッパの人々がかつてより食の利用が狭くなったとも考えられる。

2魚とキリスト教

地域宗教から脱してキリスト教を古代ローマ世界に広めるのに大きな貢献をしたとされるパウロは、最初はキリスト教徒を迫害する側だったが、あるとき、天から光を浴びて目が見えなくなり、イエスの言葉を聞く。そして、再び目が開き、今度はキリスト教を広める立場になる。ローマ市民権をもち、インテリであったパウロの存在は実に大きい。それはイエスの死後、紀元後三三年頃とされる。

新約聖書の中で「眼からウロコのようなものが落ちて・・・」とあり、「眼からウロコが落ちる」という言葉になった。魚がプラス思考に積極的に利用されている。

ローマ帝政初期には、皇帝礼拝を行わないキリスト教は禁教となり迫害も受けているが、当局の取り締まりと摘発を逃れて集会を開くための信者間の符号として、碇はその機能から教会に例え、魚はギリシア語で「ΙΧΟΤΣ」と書き表した。

初期キリスト教会では、ギリシア語で「Iesous Christos Theou Hyios Soter」が「イエス・キリスト、神の子、救い主」を表し、単語の最初の文字を並べると「Ichthys」、つまり魚となるのでキリスト教徒を示すサインとして魚の図を描いた。

魚の絵は信者間の符丁として使われ、象徴としての意味を付けられた。ただ、言葉の意味は後になって付け加えられたらしく、単に魚の絵でキリスト教徒としたことのようだ。

今日ならばキリスト教のシンボルは十字架ということになろうが、それ以前のシンボルは魚であった。魚がキリスト教徒を意味していたのである。

後に、イエスが十字架に架けられた金曜日には肉食を断つという習慣が入り、魚食が金曜日に好まれるようになった。その場合、魚は質素なものという意識である。「ハレ」が肉ならば「ケ」が魚ということになった。

また、キリスト教徒は水を掛けて信者となる「洗礼」という行為をする。そうしたことからか、ヨーロッパの中世では魚は水の中で棲息しているので、キリスト教の解釈の中では、悪に染まった陸上の生き物と違い、罪が無いものとも考えられていた。キリスト教の行事の中では、魚は積極的に用いられてきた。

①春告げ魚のニシン

ニシンはニシン科の魚だが、大きく「太平洋ニシン」と「大西洋ニシン」に分かれる。日本では太平洋ニシンで、ヨーロッパでは「大西洋ニシン」となる。

ヨーロッパのニシンは北海を代表する魚で、ドイツでも良く食されるが、一八七一年にドイツ帝国を成立させ、統一を完成させた鉄血宰相ビスマルクからとったという「ビスマルクニシン」と呼ばれるものがある。ニシンの骨を抜いて酢漬けにしたものをいう。

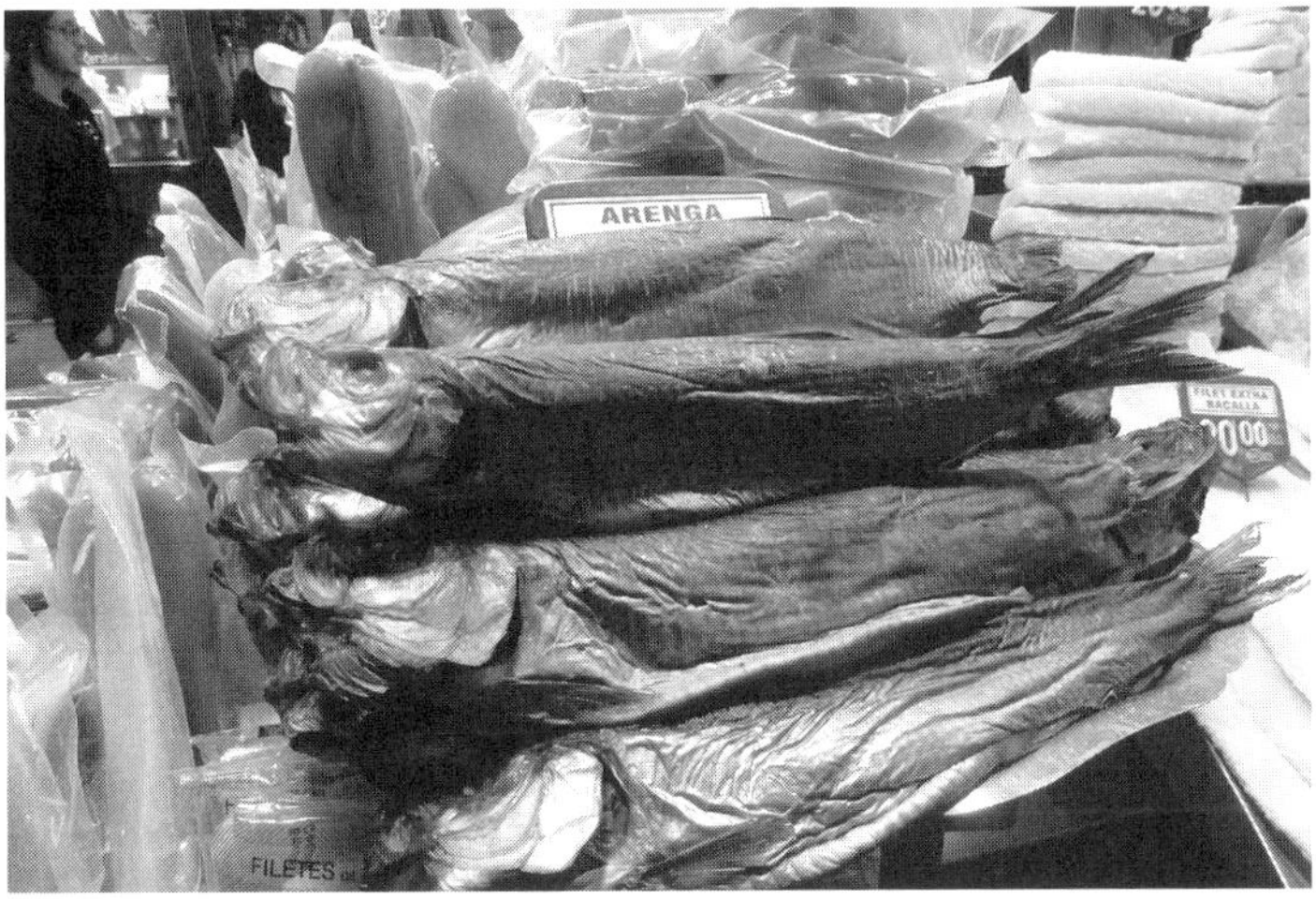

ニシンの燻製

ニシンはオランダの歴史と深く関わっている。紀元前五一年に刊行された古代ローマの英雄ユリウス・カエサルの名著『ガリア戦記』の中に、この地を訪れた際、「中には魚と鳥の卵で生活していると思われるものもある」と出てくる。地中海に面したローマ人であった彼にも魚食いが目についたのだろう。

それから二〇〇〇年ほど経った今でも、オランダの生活の中に季節を味わう習慣となって深く残っている。春一番のニシンを「春告げ魚」として愛で、生で食し、街角には「ハーリーグバー」と呼ぶニシン屋台が建つのが風物詩となっている。

一一～一二世紀には北海に沿って新興自治都市が誕生したが、その頃も好んで魚を食べ、シーザーの時代とあまり変わりはなかったようだ。季節になると、湾岸に大量に押し寄せるニシンは恵みのものであるのは事実で、塩漬けなどにして保存し、エラを切って内臓を取り出すなどの加工技術も発達した。

こうしたニシンは貿易でも最大の品となり、年間三〇〇万ポンドもの量を輸出した。この量は、特産品として知られるイギリスの毛織物の量に匹敵するもので、ニシンがいかに重要であったのかがうかがえる。そのニシンを運ぶための舟を、オランダ語で「ヨット」と呼んだ。

イギリスの北部スコットランドで生まれた毛織物のツィード製品の模様に、ヘリング模様がある。日本では樹木の杉の枝振りに似ているから綾杉紋だろうが、こちらではニシンの骨のような模様パターン、ヘリング模様でそれだけニシンは親しまれていた。

スコットランドの地域食であるキッパーは、ニシンを軽く半燻製にしたもので、朝食に食べる。日本ではみりん干しといった感じだろう。朝のメイン料理としてベーコンエッグかキッパーという選び方をする。朝食のメインの地位をニシンが占める。

また、北ヨーロッパにおけるニシンの需要には食としての利用だけではなく、別の理由もあった。ニシンはオランダを含め、ベルギー、ドイツ、スカンディナヴィア諸国、イギリスなどでは漁のメインであった。

これらの国々では一三世紀に入ってからは、牧畜の拡大化による需要によって漁業がいっそう発達することになった。理由は、家畜の餌となる牧草の栽培のためである。肥料として大量のニシンを利用するようになったからだ。今日では肥料用の魚利用はなくなったが、それでもニシンは人々の暮らしを支える食材として、季節を表す象徴にもなり一定の地位を占めている。

イワシの炭火焼き

②四旬節のイワシとニシン

日本でも北のニシンと南のイワシが対照的であるのと同じように、ヨーロッパでも地中海のイワシと北海のニシンという違いが見られる。ただし、最近では地中海に面しているシチリア島のパレルモの市場でも、イワシほどではないが、燻製ニシンも売っている。

ユーラシア大陸を挟んで西端のポルトガルでもイワシは食べられている。ポルトガルでは炭火焼きが名物だ。海岸に面したセジンブラ、ナザレなどの海辺の街、漁村では、炭火で焼いた油の滴るイワシ料理を食べさせてくれる。

地中海に面したイタリア北部の港町ジェノヴァでは、アンチョビのフライが名物として知られる。アンチョビは、イタリアの市場ではけっこう目にする代表的な魚である。

トルコでは、アンチョビも黒海沿岸で獲れ、「ハムスイ」と呼ぶが、「ハムスィ・タウ」という唐揚げ料理にもする。ボスポラス海峡沿いのサルイエル漁港の一帯はシーフードレストランが多いが、多くの皿が並ぶトルコ料理の「メゼ」と呼ぶ前菜の一つとして、単なる唐揚げではなくマリネになっている。

地中海のアフリカ大陸側のエジプトでは、ボラ、スズキなどと共に塩漬けイワシを、春祭りの「シャーム・ナシーム」に食べる。イスラム教徒もキリスト教徒も共に祝っている。キリスト教徒の復活祭に相当するが、それ以前の地中海の春祭りから来たものとされている。

イタリアはカトリック信者が多い。金曜日はイエスが十字架に架けられた日である。イタリアだけではないが、敬虔なキリスト教徒はこの日は肉食を絶ち、魚を食べるので買い求める客で魚屋さんは繁盛する。金曜日は魚の日となっている。

かつて日本のカトリックのカレンダーには、金曜日には魚のマークがあり、肉絶ちの日が記載されていた。

キリスト教世界では、キリストが十字架に架けられたとする毎週金曜日、それから年間行事では、キリストが復活したことを祝う復活祭前の四旬節《しじゅんせつ》は、イエスが荒野で断食したことを偲び、贅沢な肉食を絶つ習慣がある。毎週金曜日は別として、四〇日間も続く四旬節は苛酷である。

この期間中は宗教的な戒律を守る傾向があり、南はイワシ、北はニシンを食べることが多い。あまりに毎日毎日続くので閉口してしまい、これらを呪うような言葉が数多く残されている。

また、四旬節の期間の中でも、英語で「グッドフライディ」と呼ぶ四旬節最後の「聖金曜日」は「大斎日の断食日」とされる重要日である。ふつうの週の金曜日には肉を食べる人も魚を食する。ヨーロッパの金曜日ではイワシ、ニシンなどを食べることも多いし、ギリシア正教徒の多いギリシアは、「サルデラ」と呼ぶイワシをフライに、あるいは塩漬けにしたものを食べる。

スペインの生んだ画家ゴヤ（一七四六年～一八二八年）の作品に、一八一五～二〇年頃に描かれた『鰯の埋葬』がある。四旬節に入る直前の祭りであるカーニヴァルの様子を描いた作品で、イワシを埋葬する儀式を描いたものだ。イワシが象徴的に用いられる。

画家では、ルネッサンスの三大天才の一人、ヴァティカンの聖ペトロ大聖堂に関係したミケランジェロ（一四七五年～一五六四年）は、イワシを好物にしていたということが知られている。イワシを食べながら、製作に励んでいたのだろうか。

寒流に棲息するニシンと暖流に棲息するイワシだが、どちらもニシン目に属する魚で、用途も実に良く似ており、いずれも地域に暮らす人々の生活を支える「ケ」の魚となっている。南北問題ということではないが、洋の東西、北と南の地域において自然環境が違うので、食する魚も違い、そこで暮らす人々に様々な嗜好ができる。その一つが北のニシンと南のイワシであろう。

この二つの魚は別の魚種だが人との関係では利用のされ方が似ている。決してサケ・マスのように「ハレ」の魚ではないが、地域の人にとって重要な糧となる「ケ」の魚であるのには間違いない。

③復活祭のカルコロス

貝と一般的に言うと、少し外れるのがカタツムリであろう。「でんでん虫」と呼ばれ、日本でも貝類というよりも虫の仲間と思われている。だが、れっきとした貝の仲間で、陸生の貝である。日本ではフランス語の「エスカルゴ」で知られているし、フランス料理と言うとエスカルゴを思い浮かべる人も多いかもしれない。

古代ローマ人も食べていたエスカルゴであったが、フランスでもブドウの葉に付く害虫で、農民が獲って食べていたが、本格的に価値を見出されたのはそんなに古いものではなく、一九世紀になってからのようだ。飢饉のときからとも言うが、貝の仲間ではあるが、さすがに生で食されることはない。

そうしたいきさつからか、どちらかというと今でも高級レストランでは食材として利用されることはなく、ビストロなどの大衆的な店でガーリックバターを入れて出されるのが一般的である。

フランスの西隣のピレネー山脈を越えたスペインでは、カタツムリを「カルコロス」と呼ぶ。キリスト教徒にとって最大の行事、春先の「イースター」として知られる復活祭の時期には、地中海に面するアンダルシア地方の人々はカタツムリを食べると幸福になると信じて食べる。

カタツムリは陸生の貝なので、若芽が芽吹く季節になると、一斉に現れて活動し始め、人の目にも触れる。春を表す復活の象徴と見なされるようになったのであろう。

店内の木彫りカルコロス

地中海に面したカタルーニャ地方の港町バルセロナには、その名を持つレストランが営業している。店の外にも、店内の階段にも木製の「カルコロス」が飾られ、椅子にも同じく木彫りされており、食事に出てくるパンも「カルコロス」の形をしている。店内には「カルコロス」が溢れ返っている。

もちろん、店名の元となった「カルコロス」も赤ワイン煮で出される。数十個が皿の上に山盛りに並べられる感じで出るのだが、エスカルゴというよりは日本の居酒屋などで出される巻貝のバイに近い感じである。

フランスのエスカルゴは、日本のサザエの壺焼きのような感じだが、スペインのものはやはりタニシに近い感覚なのであろうか。

ここに限らず、「バル」と呼ばれるスペインの居酒屋では一般的な食材である。「お通し」のよ

カルコロス

うでもある。こうしたカルコロスを食べながら、彼ら、彼女らは春の息吹を感じるのである。

④食を担うタラ

ヨーロッパを代表する魚で、水産業で最も重要なものがニシンとタラであろう。いずれも北方の魚である。わけても食として大形のタラは大事な魚である。

ヨーロッパでは、タイセイヨウ（大西洋）マダラを古くから食とし、「海の牛肉」とも呼んできた。他に、小型のタラであるモンツキダラも利用してきた。英語名ではハドックと呼ぶ。日本語では「モンツキダラ」、漢字では「紋付鱈」と書く。英語名のハドックということでも知られている。小型だが大西洋に棲息する重要な漁獲物となっている。

日本では、この魚は胸ビレの上に黒い斑点があ

堆く積まれた干しダラ

り、それからモン・・と名付けられている。この紋があるので「聖ペトロの魚」とも呼ぶ。場所が場所だけに、使徒ペトロの指の痕とは考えにくいが、漁師に富をもたらす魚と言われている。遥か遠くにまで、ガリラヤ湖の漁師であったペトロの名が付く。

ユーラシア大陸西端のポルトガルは、タンパク質の三割を魚から得ている魚食の国である。中でも、タラはとくに重用な魚で、クリスマスの時期には干しダラはなくてはならない。この時期になると、沢山の干しダラが市場、食料品店、デパートの食料品売り場などに山のように積まれ、需要のほどが理解できる。

実際、干しダラを利用した料理はコロッケをはじめ多い。グラタンなどもあるが、日本人の一般的な味覚から言えばかなり塩辛い。

フランス西部、スペインと国境を接するピレ

フィシュ＆チップス

ネー山脈の麓、マリアが出現したことで知られるカトリックの巡礼地として名高い山深いフランスのルルドでも、タラ料理がレストランの食卓に上る。海から遠く離れた山間部にも保存食として運び込まれているのだ。

北海に面するイギリスのキャプテン・クックの第一回航海探検として一七六六年エンデバー・バーク号が出航したヨーク北東の漁師街ウィトビーもタラ獲りの街である。

また、一六二〇年、プロテスタントの清教徒たちが自由を求めアメリカへ旅立ったのもタラ漁の中心地であるイギリス海峡に面したコンウォール半島のプリマスである。それから到着したのが、アメリカ東海岸のマサチューセッツ州のコッド・ケープ、つまり「タラ岬」とタラと縁が結びつくものが多い。それだけ、タラが重要ということになろう。

イギリスの国民食フィッシュ・アンド・チップスの素材に最も多く用いられるのもタラである。小麦粉にビールも入れた衣で包んで揚げる。熱々のものに、タップリのビネガーを掛けるとなかなか美味しい。油分の少ないタラは、油を使った料理とも合う。

ギリシアの「バカヤロス」と呼ぶ干しダラのフライは、四旬節開けの復活祭のイースターにも食べる。料理しても血が出ないので好まれる。

いずれにしても、生活に密着している魚であろう。

⑤クリスマスを祝うコイ

ヨーロッパなどのキリスト教国では、イエスの生誕を記念する一二月二五日のクリスマスの四週間前から始まるクリスマス前の準備期間である時期を「アドベント」、「待降節《たいこうせつ》」と呼ぶ。クリスマスは一二月二四日夜から、年が明けて一月六日の「御公現《ごこうげん》」で終了となる。日本で考えられるよりも長期間続く。この時期は日本でいえば正月を迎えるための歳末商戦といった具合で、あちらこちらで露店が並び客を呼び込んで大賑わいとなる。

オーストリアの首都ウィーン市内の広場を利用して立った露店の屋台のショーケースに、コイ料理の本と共にコイが並ぶ。

ここでは、一二月二四日のイブの夜にコイを切り身にしたフライ「ゲバッケルカン」を食し、救世主イエスの誕生を祝う。クリスマスなどには不可欠なアメリカの七面鳥のような地位だ。こ

コイの屋台（手前にはコイの本）

うしたお目出度い魚なので、この時期にはコイが目立つ。

東ヨーロッパの内陸国ハンガリー、ルーマニアでもコイは重要な魚で、食の中に大きなウエイトを占めている。

ヨーロッパでも一部の地域を除いて食としてのコイはハレの地位を降りたが、大形で脂肪分も多く滋味深い魚のコイは、かつての日本のように、ハレの行事に欠かせない食材とする地域が中央・東ヨーロッパには多く、今日でも伝統的なクリスマスメニューとして家庭のディナーテーヴルに並ぶ。

コイがハレの行事には欠かせない地域では、天然ものだけでは需要をまかなえず、養魚も盛んだ。

東ヨーロッパの食文化の影響を受けた東ヨーロッパ系のユダヤ人も、コイをすり潰して団子状にして油などで揚げた「ギフィルター・フイッシュ」を食べる。コイは脂肪分がとても多く含まれ、貧しくて肉を買えなかったユダヤ人は代償として盛んに利用した。

一九九〇年代後半、ルーマニアからイスラエルへ移住した人が「コイを食べているのは肉を買えなかったからだ、貧乏な習慣だった」と嫌そうな顔で話をしてくれた。年齢は三〇代であったが、肉食できなかったということに力点があった。肉を食べられないからコイなのだという。魚食を低く見ているかつてのヨーロッパ人の発想のようであった。

今日の健康食、食の安全というのは、食べたいものをお腹一杯に食べられるようになって、初めて前面に出てくるのかもしれない。

ところで、ドイツ人はヒレを嫌う人も多く、魚屋はウロコも剥がしてしまうのは日本と同じだが、それと同時にヒレを切って客に提供する。「旧約聖書」ではウロコ、ヒレの無い魚は食には出来ないというが、処理するのに手間が掛かるということもあって、こうしたものは好まないようである。

ドイツのミュンヘンの魚屋で処理するのを見ると、ウロコを包丁一本で軽やかに取る日本の魚屋と違いウロコ取り専用機で取り除くが、処理するのが下手な魚屋が多い。魚屋でもそうだから、一般家庭の人ではなお大変だろう。そうした点を考えて改良したのが、ウロコが少ないドイツゴイとも呼ぶカガミゴイである。

コイはヨーロッパでも北ヨーロッパ、東ヨーロッパで食されるイメージが強いが、地中海に面していて海の魚も豊富なマルセイユの市場でも販売しているし、イタリア北部でも食される。北部のポー川流域の伝統食として、コイのお腹にコメを入れて焼き上げたものが供されている。

イギリスでは「コイはすべての川魚の女王」とされ、風格があり鋭敏で狡猾な魚として歌い上げられている。ただし、貴族が釣りの対象とする魚ではない。貴族はあくまで、サケ・マスが特別な魚としての地位を持つ。

ただ、サケ・マスとは違い日常的にいる魚体の大きいコイは、人々の食として貴重であったのだろう。コイはヨーロッパ全域で食べられている魚だ。

⑥豊饒のキャヴィアなどの魚卵

魚は、サメなどの卵胎生の一部のものを除いて一般的には多産であることが知られる。多産は即ち豊饒を生む。

キリスト教で復活祭にニワトリのタマゴを用いるのも、タマゴが豊饒と復活の象徴となるからだ。キリスト教会で結婚したカップルに、聖堂の入口でムギではなく遥かに収穫量の多いコメを掛ける習慣も繁栄につながる縁起の良いものだからである。

ドイツではクリスマスシーズンの間に、新しい年の豊かな幸を願ってニシンの卵巣を食べる習慣がある。日本人にとって最大のハレの行事である正月に膳をとる「おせち料理」に必需品の数の子は子宝、子孫繁栄を願う縁起物で同じような意味づけとなっている。

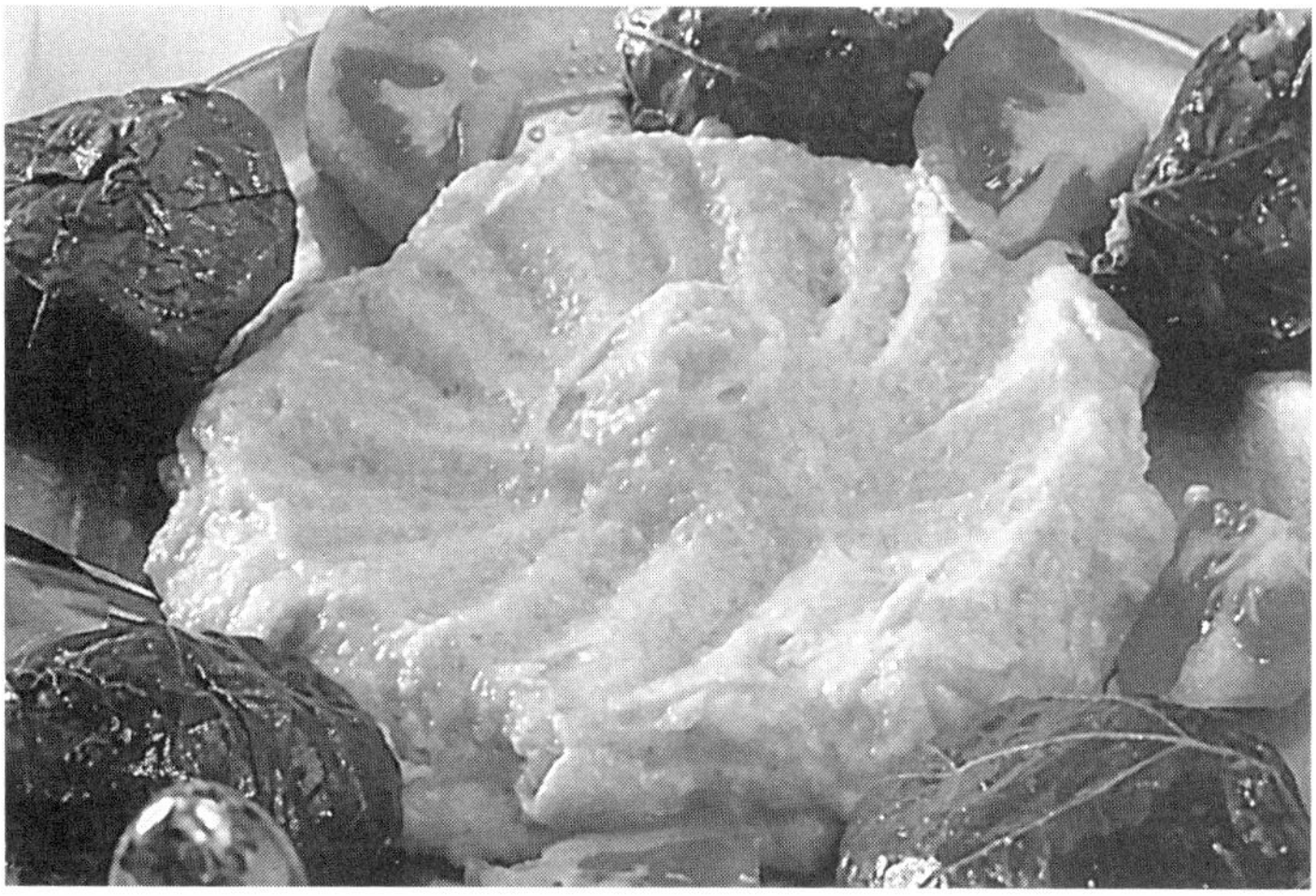

タラモサラダ

魚の卵巣を利用したものはニシン、スケソウダラの他、ボラからのカラスミ、サケからのイクラ、チョウザメからのキャヴィアの他に数種が知られる。

日本ではスケトウダラの卵巣をたら子や明太子に加工したものが一般的だが、ギリシアでは「タラモサラダ」と呼ぶ。塩漬けしてバラバラにしたタラコに、タップリのオリーヴ油をかけ、レモン、塩、ビネガーを加えて和えている。魚食に関してはギリシアと同じトルコのイスタンブールでも食べるが、やや塩辛いものの、パンに付けても合う。

日本、台湾などでも作られ、東アジア的な印象が強いがボラの発達した卵巣を利用して造ったカラスミは、実は広いユーラシア大陸の東西世界に見られる加工品である。

カラスミの起源は古く、西では地中海周辺の古代ローマ帝国の範中で食されている食品だ。エジ

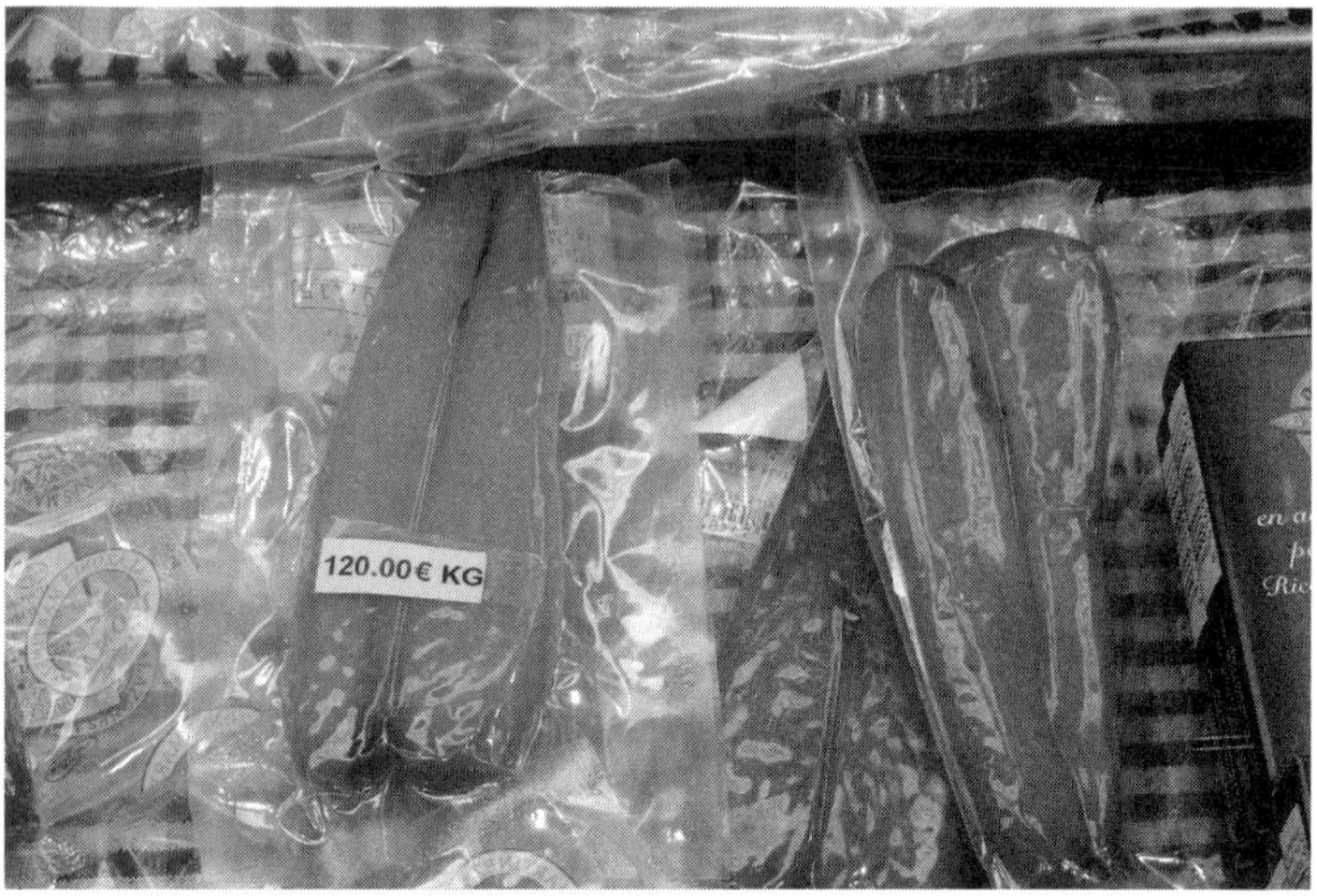

カラスミ

プトでは「バタレック」と呼ぶ。他にトルコ、ギリシア、イタリア、スペインなど地中海から西アジア地域にも広がる。ネットリとした味覚が持ち味で、魚卵だが乳製品で発酵食品のチーズのミモレットに近い。色も柿色をし、良く似ている。チーズを食べられる人ならば違和感はない。東西で共通して食べられる所以だろう。

むろん、カラスミだけではなく、ボラ自身も大いに食され、店頭に並ぶ。トルコでは黒海と地中海でボラが獲れるのでカラスミが製造されるが、味は地域を反映してか黒海産と地中海産では微妙に異なっている。

さて、魚の卵巣の中で、最高のステイタスを持つのがチョウザメを利用したキャヴィアだ。ユーラシア大陸西のヨーロッパでは、高級食材として用いられる。

中でもカスピ海産は名高く、イランで九〇%以

キャヴィアとスモークサーモン（ヴェニス・シンプロン・オリエントエキスプレス）

上を生産し、トルコにはイランからも輸入されている。黒海にも棲息し、トルコでも造られるが、本物のキャヴィアはとても高価なので、ランプフィッシュなど他の魚の卵巣を利用した代用キャヴィアも存在するほどだ。

キャヴィアが採れるチョウザメはチョウザメ目に入り、その内のチョウザメ科が食用とされる。チョウザメはウロコが昆虫のチョウ（蝶）の形に似ており、外見は軟骨魚のサメと似るのでサメの名が付くが、軟骨魚のサメとは違い硬骨魚に入る淡水魚である。中でも「ベルーガ」と呼ばれる「オオチョウザメ」は四m以上にもなり、しかも長生きの魚で百年ほどの寿命を持つ。この「ベルーガ」の卵巣が最高級のキャヴィアとなる。

古代ギリシア、ローマでは、卵巣から作るキャヴィアと共にチョウザメの肉も珍重されていた。ルネサンスの頃、フィレンツェの宮廷料理人メッ

チョウザメ（イスタンブール水族館）

シスブーゴは「STURIONE」と呼ぶチョウザメ料理を得意としていたという。

ロシア、北アメリカでもチョウザメは大形で身の量が多いので貴重な食料として重用していた。サケのイクラと同じようにロシア人がキャヴィアを作りだしたが、今日ではチョウザメは減少し、捕獲は禁止されている。

かつてイランではチョウザメを獲って卵巣は取り出すものの、本体の身は利用することなく捨てていたというが、最近は利用しだしたようである。

魚の卵を利用するということは、地域によって魚の好みはあるかもしれないが、やはり魚の持つ豊饒性から来たものであろう。

⑦修道士が好んだウナギ

アナゴ、ウナギ、それからウツボも陸上で這いずることのできる魚で、おまけにウロコもはっき

魚屋のウツボ（右端）

りしないのでユダヤ教徒は食べられない。いずれもウナギ目に入る魚である。

ウナギ、アナゴと共に、ウツボも食用としている。アナゴは地中海側の港町でも目にすることの多い魚だが、ウツボとなると驚くかもしれない。

だが、ウツボも古代ローマ人は大好物だったようで、養魚池も設けられていたようだ。様々に料理され、ユリウス・カエサルが市民を招いての宴会の折り、六〇〇〇匹のウツボを使ったという。ポンペイの「ファウヌスの家」から発見された「海の幸」と呼ぶモザイク画にも、ウツボが登場する。

ウツボは肉食性の魚でタコの天敵でもあり、知らずにウツボが潜む岩陰に手を入れて噛みつかれることも起こる。気性の激しいその獰猛性のゆえに好まれたのだろうか。今もシチリアパレルモの市場でウツボが売られ、食としての需要がある。

ウナギも、古代のギリシア人、同じくローマ人は大好物だったようで、ウナギを日本流にいえば蒲焼きなどにして食べていた。

中世のヨーロッパの修道院は会派によって多少は違うが、肉食禁止の修道院ではタンパク質の補給源として魚食をし、ボラ、サケ、サメなどと共にウナギも好まれた。

ウナギの場合は滋養豊富なので精力絶倫になり、食べ過ぎて罪深いことにもなったようだ。あまり食べないようにと、カトリックの司祭達にしばしば御触書が出ていたという。

だが、教皇マルティヌス四世（在位一二八一年〜八三年）はウナギ好きとして知られている人物で、白ワインに漬け込んだウナギを始終食べていたという。宗教界のトップがこのようなことでは、当時の禁令効果もあったとは言い難い。

ルネサンス期のイタリアのフィレンツェで活躍した料理人は、古代ギリシャ・ローマ人のように魚食を取り入れている。その一つにウナギを使った「王様のパスタ」があった。

地中海地域のスペイン、イタリアなどでは稚魚のシラスを正月の頃に食べるという習慣があるので、クリスマスシーズン頃からはとくに市場に出まわり、地元のスーパーマーケットなどでもパックに入った白いウナギのシラスを目にしたが、最近は代用品も多い。イタリアのナポリでは同じ時期に成魚のウナギも食べる。

イタリアの北部、イタリア屈指の米作地帯ともなっているイタリア半島東のアドリア海に流れ込むポー川流域はウナギ養殖が盛んだが、起源は古代ローマ時代に遡る。

ポー川流域に位置している大都市ミラノのサンタ・マリア・デッレ・グラツィエ教会の修道士

ウナギのシラス

たちの食堂の壁に描かれているのが、レオナルド・ダ・ヴィンチ（一四五二年〜一五一九年）が一四六九年に描いた『最後の晩餐』である。

『最後の晩餐』とは、イエスが捕まえられる前の日に弟子たちと共にした晩餐の食事風景を描いたものだ。そのときの食事だが、食べていたのはウナギであるというのが一般的な解釈となっている。実際はエルサレムのはずだが、ここはミラノであり、ウナギを食べるというのがそれだけポピュラーだったのであろう。

ポー川河口のコマッキオは漁師町で、ヨーロッパ一のウナギの街として知られる。ウナギ漁がとても盛んで、ウナギで町興しをしている。河口に湖沼が広がりウナギの棲息に適し、そこに仕掛けたエリで天然ウナギを獲っている。

この街は映画女優ソフィア・ローレンが生まれた地だが、その彼女が一九五五年に出演したのが

屋台に並ぶウナギの燻製

コマッキオを舞台とした『河の女』であった。映画で、ウナギのマリネの缶詰加工工場で働いていたシーンが登場していた。

町ではウナギを日常的に食べ、毎年、九月の末から一〇月の初めにかけて、ウナギ祭りも行なわれている。ウナギはヨーロッパ、そしてイタリアでも筒状にブツ切りにして食べる所が多い中で、ここは日本のように裂いて開いている。

タレを付けることはなく、塩とコショウだけで味付けしたシンプルなもので、日本の白焼きのようだ。焼き上がったものに好みに応じてレモンをかけて食べる。ただし、皮は脂肪分が多いので食べない。

湖沼の多い北ヨーロッパのイギリス、ベルギー、オランダ、ドイツなどでも食べる。

イギリスのウナギ好きは良く知られ、中世の食卓のメニューにも盛んに登場するし、今でも「イー

アンギー・オーブル

ルパイ」と呼ぶウナギのパイは庶民の食として知られる。

大学の街ケンブリッジの北にはフェンズと呼ばれる湿地帯が広がり、「イーリー」の街がある。「イーリー」はイール、即ちウナギから名付けられた。農耕地にするために多くの掘り割りが巡らされ、棲み処を提供している。一九八〇年代まではウナギ獲り専門の漁師が三〇人ほどいたというが、今日ではただ一人残った漁師が、昼間、隠れ場に潜むという習性を持つウナギをヤナギで作ったウナギ筌を仕掛け、獲っている。

オランダ、ドイツなどではウナギを頭から尾に至るまで真っ直ぐに棒状に伸ばして燻製にし、そのままちぎってビールのツマミに、あるいはパンにはさんで食べる。市場でニシンの燻製と共によく見かける代表的な品だ。

オランダと同じかつてのネーデルランドで沼沢

地の多いベルギーにもウナギはたくさん棲息し、もちろん食する。「アンギー・オーブル」と呼ぶ、ブツ切りにしたウナギをタップリと入れた香草とともに熱々に煮込んだ名物料理が知られる。

ウナギは北ヨーロッパ、南ヨーロッパでも食として大いに利用されてきた。

⑧聖ペトロの魚マトウダイ

地中海側に面する古代ローマ属州プロヴァンスの港町が今日のフランスのマルセイユで、名物料理は「ブイヤベース」の名で知られる数種の魚の切り身を入れた「魚のごった煮」である。


市の起源は、紀元前七世紀頃に入植した古代ギリシアの植民都市マッシリアから始まる。ブイヤベースはギリシア料理の「カカヴィア」を元にした。具材として数種類の魚を使うが、材料の一つに、フランス語で「サン・ピエール」と呼ばれるフランス料理ではポピュラーな魚がいる。魚屋でもよく見かけるが、「サン・ピエール」とは、「聖ペトロ」のフランス語読みである。

イスラエルで「聖ペトロの魚」として世界中のキリスト教徒に知られているのはティラピアだが、フランスの「聖ペトロの魚」はティラピアではなく「マトウダイ」である。

同じ聖ペトロの名を持つ「セント・ピーターズ・フィッシュ」でも、モンツキダラと同じようにイスラエルでのティラピアと違った魚をいう。

この魚はマトウダイ科に属する魚で、平たい魚で銀色をした皮はメタリックな輝きを持つ。日本で漢字では「馬頭鯛」と書くのは頭の部分がウマの頭のように見えるからで、同じく「的鯛」

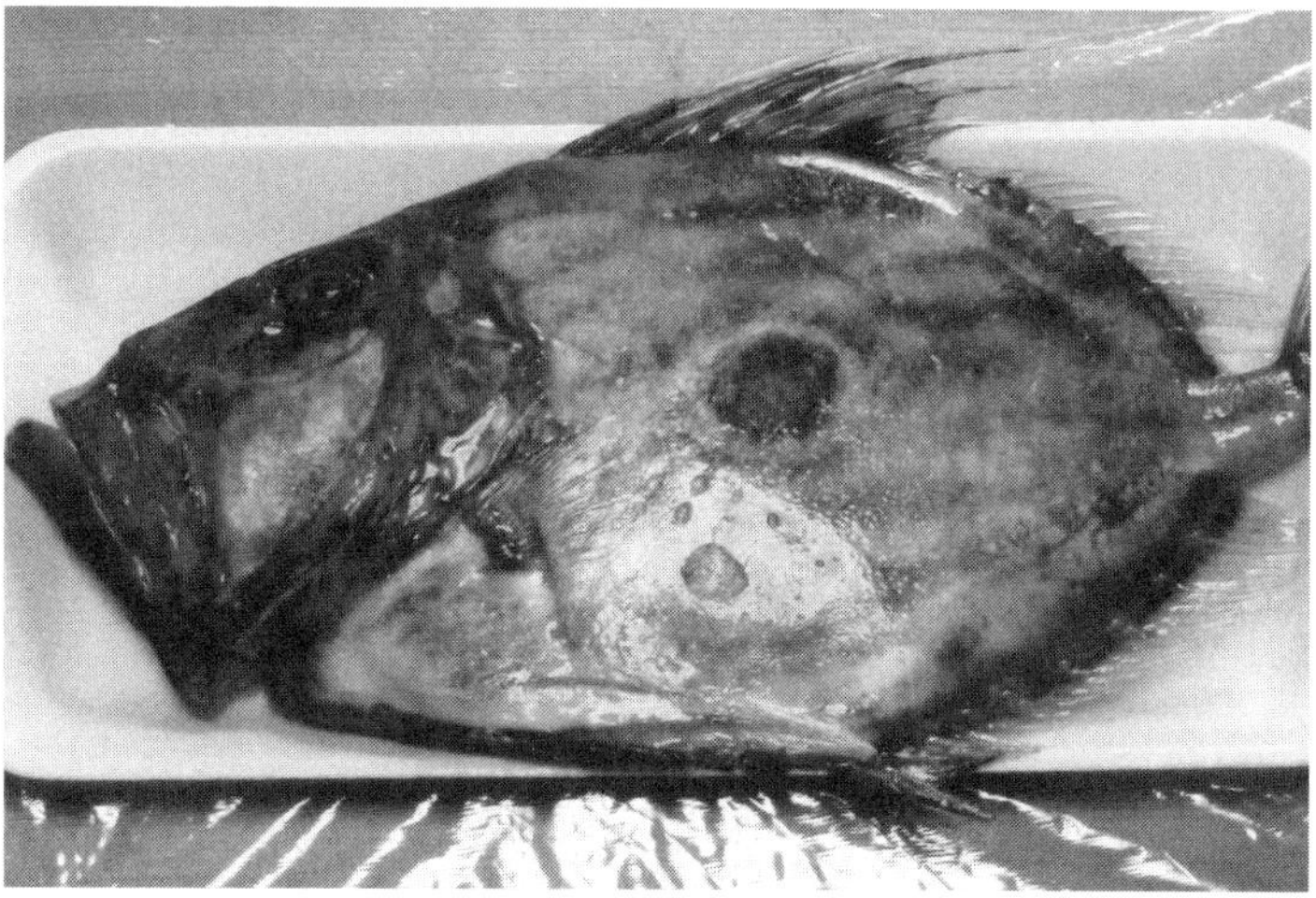

マトウダイ

とも呼ぶのは体の真ん中には弓矢の的のような黒く丸い斑点があるからだ。同じマトウダイでも漢字では二つの字を当てる。

フランスではこの斑点があることから「聖ペトロの魚」となる。その言われは網に掛かった魚が咥えていた銀貨を取り出すときに、ペトロが付けた指の痕が斑点になったと考えられている。ドイツ、ギリシアでも同じように「聖ペトロの魚」とされている。マトウダイは栄光ある名が付く魚であるのには違いない。

マトウダイは他に「聖クリストフォロスの魚」ともいい、旅行者、航海者の守護者「キリストを背負う者」という意味の聖クリストフォロスの名が付く。

由来は諸説あるが、聖クリストフォロスはギリシアの人ともいい、川を渡る人々を助けていた。その彼がとある日、背負ったのがイエスだった。その渡っていたときに手にした魚に指の痕が付いたので名が付いた。

マトウダイは身が少し柔らかくもあり、生の食感を味わう刺身を含め日本ではあまり好まれてはいないが、こちらではムニエルなどの料理に多く使われ、評価の高い魚である。

このように、マトウダイはヨーロッパでも様々な謂われが付く魚である。「聖ペトロの魚」「聖クリストフォロスの魚」もそのような名の一つだが、学名では「ゼウス　ファベル」の名の通り、ギリシア神話に登場するオリュンポス一二神の神々の中でも筆頭、最高神ゼウスの名が付く。確かにこの魚の発達した背ビレをたなびかせた威風堂々としたスタイルはとても目立つので、最高神の名が付いたのかもしれない。

目立つ立派な背ビレは、西アジアでは古くから力強さの象徴であったライオンのふさふさとした豊かな鬣とも共通するものがあり、魚の評価に関しても重要なことだろう。見栄えが大事なことも事実だろう。

⑨美の系譜―シャコガイとホタテ貝

貝ということでは、シャコガイはやや特殊だろう。そもそもシャコガイは、ヨーロッパからも遠く離れたインド洋、西太平洋のサンゴ礁域に棲息する貝だ。その中のオオシャコガイは、殻の長さが一mにもなる最大の二枚貝として知られる。

この貝をヨーロッパで食用とするのは聞いたことがないが、教会の聖堂の中に入るに際し、信

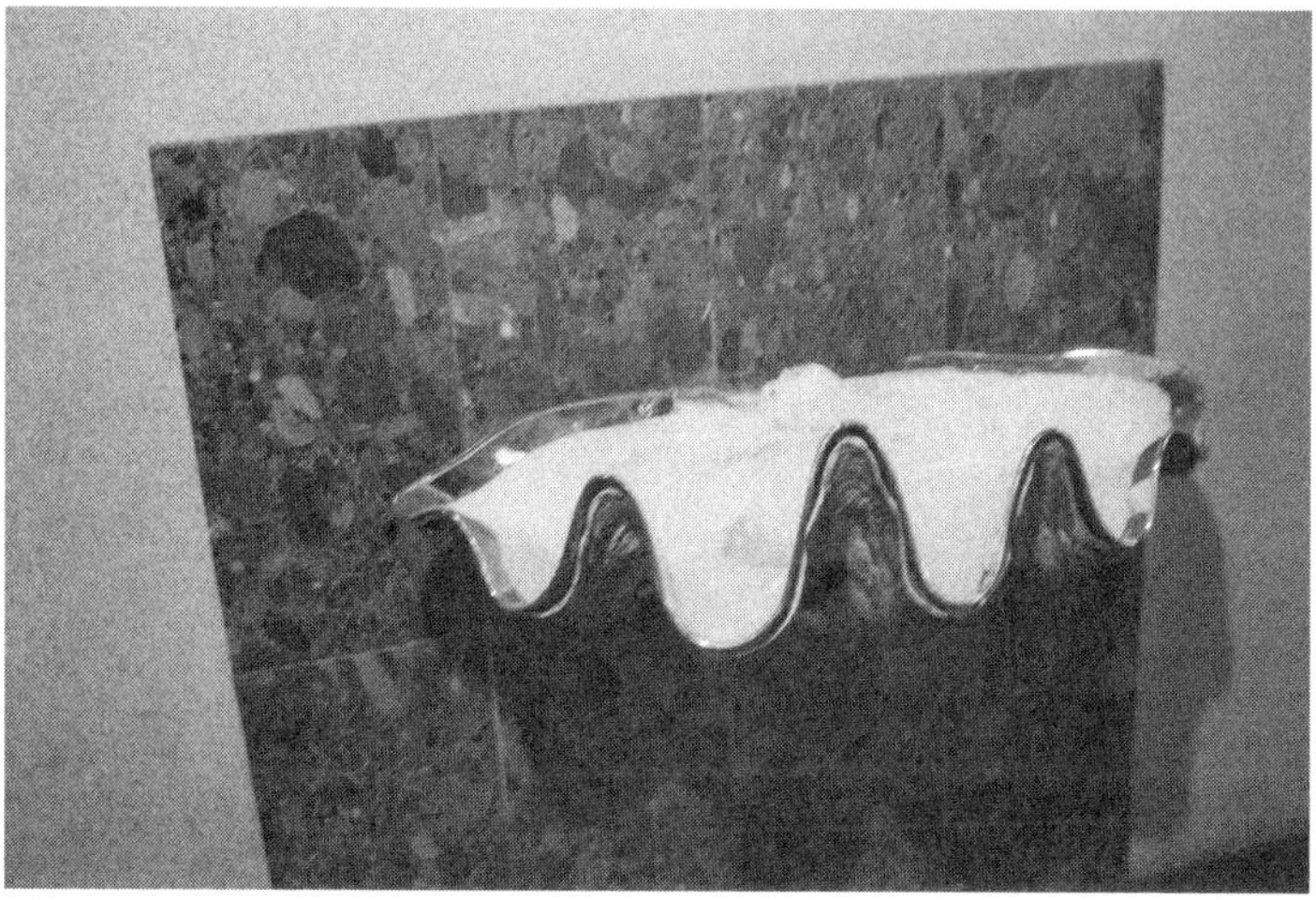

聖水入れ（モンセラート修道院）

者が指を浸し、十字を切るための「聖水入れ」としてシャコガイの殻を置いてあるのをしばしば見かける。

例えばスペインのカタルーニャ地方、ここに暮らす人々の心の故郷であるバルセロナ近郊のモンセラート修道院にも「聖水入れ」として置かれているし、フランス、イタリアなどの地中海地域でも同じように多い。

南からもたらされたものだろうが、殻も厚いので容器としても重宝されるのであろう。ときどきダイバーがうっかりして挟まれるということも聞く。この貝のしっかりとした殻口を見ると、そうした閉じ合わせに貞節など力強さを感じているのかもしれない。

ところが、キリスト教が出現するはるか前、フェニキア人の手によって利用されているのには驚かされる。殻頂蝶番の内側の部分に女性などが彫刻

グリルしたホタテ貝

されているものが発見されている。時期は紀元前七世紀の半ば頃のものになる遺物だが、イタリアから西アジアにかけて一〇〇を超す数のものがある。

交易の民で象牙の細工を得意としたフェニキア人だから成せる技なのだろう。容器であろうが、大きさと共にやはり貝の持つ力を利用したのかもしれない。

貝の中ではホタテ貝はカキ、ムール貝という単なる食となるカキとは違い、象徴性を持つ。

ホタテ貝はイタヤガイ科に属し、数種あるが、地中海などで獲れるのがヨーロッパホタテ貝である。殻の長さが一〇cmくらいにもなる大きい貝だ。もちろん、中にある大きな貝柱を食べる。市場で水産物を扱っている店では、よく見られる。

古代ギリシアの女神アフロディーテ、ローマで言うヴィーナスは愛と美の女神、つまり豊穣の女

ホタテ貝に横たわるヴィーナス（ポンペイ遺跡）

神だ。女神の像はギリシアで生まれた。ヘレニズム、ローマ時代に数多く造られた女神の像は極めて多い。その中にホタテ貝の中にまるで貝の身のように屈んでいる「貝殻に座るアフロディーテ」が知られる。

古代ローマのポンペイから発見された壁画にも、ヴィーナスがホタテ貝の上に横たわって描かれているのを目にする。やはり、女神とこの貝はセットである。

また、イタリアのフィレンツェで始まったルネサンスは、古代ギリシャ・ローマの復興運動であり、この時代の神々たちも題材に登場するようになった。

ルネサンスを代表する画家サンドロ・ボッティチェリ（一四四五年～一五一〇年）の一四八七年頃の作品に、「ヴィーナス誕生」がある。

これは、女神が海面に浮かび上がったホタテ

ヤコブとイエスの像など（バルセロナのグエル公園）

貝の中で恥ずかしげに立つ。大きいといっても、シャコガイのように巨大ではないが、この貝が女神には何かしら合うのであろう。

誕生した彼女は貝の上に乗り、春風で吹き寄せられキプロス島の浜に上陸する。貝と女神の近似性、貝が女性性器に似ることから、一緒になって表現されているのだろうか。

そうした愛欲の女神の貝がある一方、フランス語では「サンジャック・コキール」、「聖ヤコブの貝」と呼ばれる。ヤコブとは、十二人から成るキリストの弟子の一人のヤコブだ。やはりガリラヤ湖の漁師出身だが、とても気性が激しかったとされ、「雷ヤコブ」とも綽名されている人物である。

あくまで伝説だが、彼はパレスティナから遠くスペインへやってきて布教をした。後、エルサレムに戻ったが、禁教時代の四四年、当時のユダヤ王であったヘロデ・アグリッパ一世（一一年〜四四年）によって首を刎ねられて殉教し、彼の遺体を、弟子たちがスペインの大西洋に面している北東部の地に埋葬したという。それが八一三年に発見されてその場所に教会が建つ。サンチャゴ・デ・コンポステーラである。

ヤコブはスペインの守護聖人となり、イスラムの支配からキリスト教徒の地を取り戻すという「レコンキスタ」の象徴となっていく。

中世の時期、ヨーロッパでは聖人信仰が盛んとなる。競ってイエス、マリア、それから諸聖人のものを熱烈に求めた。十字軍もその一つだが、スペインのこの地を目指して多くの巡礼者が訪れるようになった。

フランスのヴェズレーを出発し、ここに至る巡礼道も整備されたが、当時はとても困難な道程のなか、人々は救いを求めてひたすら歩いた。

ヴェズレーには、ガリラヤ湖畔で生活をし、イエスにつき従っていた「マグダラのマリア」が永眠しているとされるヴェズレーの聖堂がある。ここから、ヤコブの墓があるサンティアゴ・デ・コンポステーラへと人々は巡礼を続けていった。今もこの巡礼の道を辿る人々がいるが、日本の熊野信仰のようなものであろうか。

彼らは食器の代わりに携帯用にホタテ貝を持ち歩き、いつしかそれが巡礼者の象徴となった。大きい貝殻なので食器として用を足せるのだ。

旅をする巡礼者の象徴だったことから、スペインでは宿泊のためのホテルなどの格付けにフランスなどのように星ではなく、ホタテ貝のマークが用いられている。それから、ロイヤル・ダッチ・

シェル石油のマークにも登場する。一九〇四年にマークとして採用された。直接この貝の謂われに関係はないようだが、巡礼者が立ち寄る給油所ということなのだろうか。イメージ的には合う。

一方は愛と美、一方は聖人と相異なる性格のものだろうが、いずれもホタテ貝が重要な意味を持っているのは面白い。

聖人の彫像など様々なモティーフを含め、「聖ヤコブの貝」の溢れているスペインだが、バルセロナの台所として知られるジョセッペ市場でも数多い。

同じ貝でギリシアでは愛欲、キリスト教になってからは聖人信仰というように別な意味を持っているのは実に面白い。「聖と俗」という二面性を表している貝なのである。

III

東アジアの日本の魚文化
——魚食への宗教理解と日本

ザビエル記念教会

日本とキリスト教との関係は、聖徳太子（五七四年〜六二二年）が「厩《うまやど》の皇子」と呼ばれるなど、大陸から朝鮮半島経由のシルクロードを通って日本に情報が入った可能性もあるが、一般的にはヨーロッパの大航海当時、カトリックのイエズス会司祭フランシスコ・ザビエルによるキリスト教伝播以後のことになるだろう。

これと相前後して日本にはキリスト教だけではなく、「南蛮もの」と呼ぶ衣服、それからジャガイモ、カボチャ、テンプラなど衣食住に至るまで多くの影響がみられた。南蛮とは、スペイン、ポルトガルのことで、この時期、様々なものが押し寄せ、そして日本化を果たし、中にはすっかりと姿を変えたものもある。もちろん、文化は一方的なものではなく、日本から茶などを含め、彼の地へも影響を与えている。

まず、キリスト教と日本文化の関わりについて、魚を巡っての話をしながら、最後に魚との関係を今一度検討し、異文化の受け入れと発展、食の多様性を見たい。

1 魚とキリスト教文化

①日本の漁師とキリスト教

ユダヤ教徒、イスラム教徒も日本には暮らすが、一神教の系譜の中ではとくに日本と関わりの深かったのはやはりキリスト教であろう。

禁教が終わった明治以後、積極的にヨーロッパ近代文明を取り入れた日本では宗教的なものは排除しつつも、キリスト教徒は少数ながら、学校教育などを含め、社会的、文化的にも大きな影響力を持つ。たとえ教徒ではなくとも、シーズンともなると家庭でもクリスマスツリーを飾り、クリスマスケーキを食べるなどクリスマスの習慣なども根付いている。

日本にキリスト教が伝来したのは、スペイン北東部バスク出身のイエズス会宣教師フランシスコ・ザビエルによる、戦国時代の一五四九年が公式な記録となっている。

ザビエルが日本に着いた日は、一五四九（天文一八）年の新暦八月一五日、日本では旧盆にあ

シマイシガニ（甲羅中央に十字架状の模様）

たる。カトリックのカレンダーではこの日は「聖母被昇天の日」、つまり、聖母マリアが天に昇った日とされている。八月一五日という日は、互いに趣旨は違うが、大事な日となっている。不思議な一致であろう。

ヨーロッパでは大航海の時代でもあったが、ポルトガルのインド拠点となり、イエズス会の各機関が設置され、ザビエルの遺体を納めた墓所もあるのがインド洋に面した港町ゴアである。ここから彼らはマラッカ、マカオ、そして日本へとやってきた。ゴアには今日でもカトリック信者が暮らすが、彼らも漁師で網に祝福を受けて、漁に出て生計を立てている。

そのザビエルだが、彼も水界に馴染みの話が残されている。それは日本人も食として好むカニに関わる話で、いずれも日本伝道途上での出来事だった。

一つはインドのゴアからマラッカへ到着し、艀で港に向かっていたら岩礁に乗り上げ舟底に孔があいてしまった。そうしたら一匹のカニが甲羅を孔に押し当てて浸水を防いだが、あえなく絶命してしまう。ザビエルが感謝をして祈ったら、ここで獲れるカニの甲羅には十字架が見られるようになり、以後「ザビエルガニ」と称されるようになったという話がある。

経緯は違うが、何やら日本の「平家ガニ」を思い浮かべてしまう。この岩礁があった場所は、現在は陸地になっているが、十字架が記念として建っている。

ザビエルの鐘のカニ
（ザビエル記念教会パンフレットより改変）

それから、こちらの話が主流のようだが、ザビエルが航海途上に嵐に出くわし、十字架を掲げて祈ったが、十字架は波にさらわれ海に落ちてしまう。無事に嵐を潜り抜けて翌朝、浜を歩いていたザビエルだったが、そこに波にさらわれて海に消えてしまったはずの十字架をカニが届けてくれたという。以来、カニがザビエルのシンボルになったという。

話の内容から、このカニは遊泳性のワタリガニ科の日本からインド洋まで棲息

海辺に佇む熊本県天草崎津教会

する縞模様が特徴的なシマイシガニではなかろうか。

この故事に因んで鹿児島のザビエル記念聖堂の鐘楼の「ザビエルの鐘」と呼ばれる鐘にはカニが鋳出されているし、女子修道会の女子パウロ会では、十字架を掲げた可愛いカニの絵柄が入ったシオリ、ペーパーウェイトなどを提供している。いずれにしても、カニが大きく関わっている。

ザビエルも含めてその後の宣教師たちの布教により、キリスト教は西日本を中心に信者の数を増やしていった。外来文化も積極的に取り入れ、新しいもの、未知なるものにも大いなる好奇心を抱くのは日本的な特徴でもあろうし、戦国時代の疲弊した人々に魅力的に見えたのも事実ではなかろうか。

だがキリスト教は江戸時代に入り一六一二年に天領、一三年には全国禁教となる。それでも信仰を守り続けたのは、九州でも島々に住む漁師たちも多かった。

鎖国を進めることになったのは、長崎県の島原で起きた「島原の乱」（天草一揆）であった。漁師だけではなかったが、一六三七年、第三代将軍の徳川家光の時にキリスト教徒の弾圧と苛酷な圧政に対する一揆が起こった。一六三八年に鎮圧されたが、立て籠もった人々が最後に「サンティアゴ」と言って切り込んだという。

サンティアゴとは無論、ホタテ貝を象徴とするスペインの守護聖人ヤコブのことである。ヤコブの名が、スペインからはるかに遠い地で起きた「島原の乱」で叫ばれたのだ。幕府方の大多数の軍勢には、何と叫んでいるのか分からなかったかもしれない。

江戸時代の禁教下、神父などの宗教者がいなくなっても、「隠れキリシタン」となって信仰を守っていた人々も暮らしていた。

一般にキリスト教のミサでキリストの体とするパン、同じく血とするワインを信者が一緒に摂って仲間意識を高め合う「共食儀礼」をするが、隠れキリシタンが暮らしていた長崎県平戸市生月島では、その代わりとして刺身とお神酒を用いていたという。パンの代わりに穀物であるコメ、あるいはムギなどを使っても良いはずだか、刺身を使うとはいかにも漁師らしいのではなかろうか。

江戸時代の禁令下に隠れキリシタンの人々が見立てていた信心具、キリスト誕生を表した「プレセピオ」などにもアワビなどの貝殻が使われていた。海の深い所にも棲息し、海人の人たちに

呼子沖の島々（中央 - 松島、左 - 馬渡島）

よって獲られたアワビは様々な意味を持つが、それもキリスト教的に解釈され、とても興味深い。

玄界灘に面した九州北部、佐賀県唐津市呼子《よぶこ》沖に浮かぶ松島などの島をはじめ、東シナ海の長崎県五島列島、グルッと廻って有明海湾口の熊本県天草の島々を含め、海で生計を立てている人たちにキリスト教信者は多い。

この唐津市の呼子沖辺りが境界線のような形になり、東側では神道系なのに対し、西の漁師はキリスト教徒が多い。また、島によっては全島キリスト教徒の松島、あるいは内陸部と海岸部で住み分けている馬渡島《まだらじま》などもあって、島ごとにも特色をもつ。

漁師が暮らしている地域では、島々も含めて海岸線近くまで山が迫る。山深いこれらの島々に、陸地にへばり付くような村の港近くに小さな教会が建っている。背後の緑濃い山々に、あるいは眼前に広がった碧い海に、アンジェラスの鐘が鳴り響き、海で働く漁師が舟の上で頭を垂れ、十字を切って祈りをしている姿も目にすることができる。

キリスト教徒が暮らす地域では、車を神社で神主によってお祓いをしてもらうのと同じように、漁師たちが漁に使うための新しい舟を新造したときなど神父による祝福が欠かせない。事故に会わないように、神社のお札は無い代わりに舟にはマリアの肖像が掲げられている。もちろん、彼らの車も同じである。

島に暮らし、漁で生計を立てている漁民の祈りの姿を見ていると、キリスト教も戦国時代に伝わった外来宗教だが、歴史を経て地域に土着化していることを強く感じる。

ヨーロッパの地中海に面するイタリア、ナポリのサンタ・ルチアなどの漁港を歩いていると、岸壁の小さな祠にひっそりと「ステラ・マリス」、つまり「海の星」、「聖母マリア」の像を見かけることがある。漁師の安全を見守っているのであろうが、村道の側に祀られている日本の「お地蔵さん」ともよく似ている。お地蔵さんも道標だ。

GPSが無い頃、漁師は海上に出ても陸地の特徴を持つ地形を見ながらの「山たて」、あるいは夜になると星を見ながら自分の位置を知ったたが、そういう関わり合いがあるのかもしれない。地海に生きる人々にとって、星は自分たちを安全に導いてくれる、光り輝く頼るべきものだ。地中海に沿った今日のトルコで四世紀に活躍し、サンタ・クロースのモデルともされる聖ニコラウスも船乗りの守護聖人となり、海に生きる人々の信仰の対象となっていた。

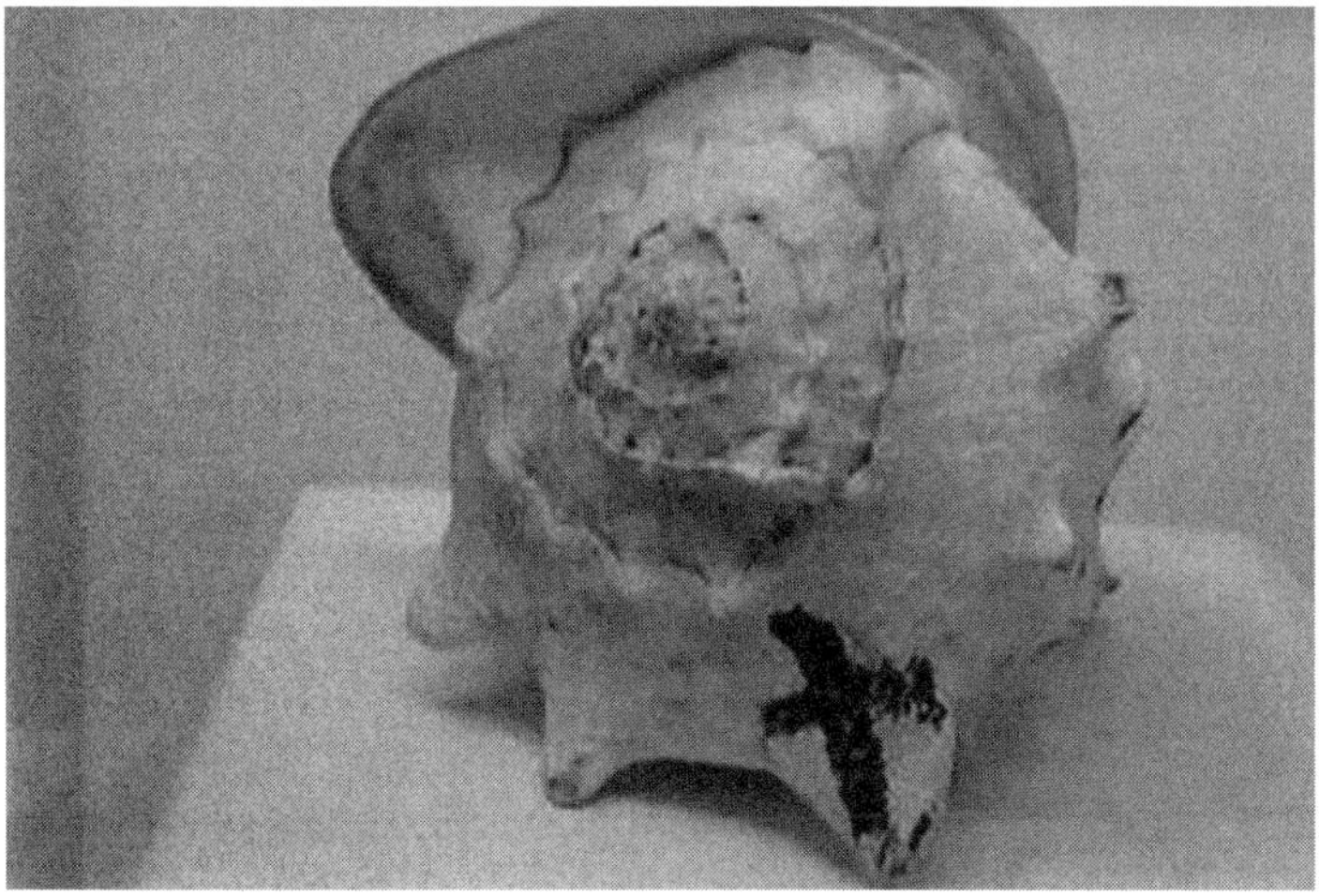

天草隠れキリスト教徒のアカニシの聖具？

九州の本島から離れた島々などに生きる漁師が、どうしてキリスト教徒なのか。彼ら、彼女らは神父がいない禁教の時代もひっそりと信仰を守ってきた。これらの島々が陸路では行きにくい辺境の地ということもあるが、私はキリスト教と漁師、漁撈の親密性が上げられるのではないかと思っている。

布教を始めたイエスは、ガリラヤ湖の漁師たちにまず自ら教えを広めていき、弟子にしていったので彼らに教えを諭すために漁撈のたとえ話も多い。人は自分に身近な生活に親しみを感じる。その点、キリスト教はガリラヤ湖で育まれたと言っても過言ではなかろう。

今日、日本のキリスト教徒の大部分は都市生活者であるかもしれないが、水稲農耕社会が主体であった当時、島々に暮らしていたどちらかと言うとマイナーな生活者であった漁師達には、より身近に感じられたに違いない。何といってもキリスト教は湖、そしてそこで糧を得ていた人々の中で育まれていった。

古代ローマ時代のキリスト教禁令下、信者の象徴は十字架ではなく、教会を碇に魚をモティーフにしていたこともある。魚がこのように身近な宗教はないのではなかろうか。

幕末の一八六五年（元治二年）、大浦に隠れキリシタンがやってきて「信徒発見」というニュースがローマのヴァティカンに届けられた。二〇一五年は、一五〇年の記念すべき日となったが、聖職者はいなくても信仰を守り続けたのだ。

日本の長い禁令下の政策の下でも、辺境に暮らしていた「日本のペトロ」と呼ぶべき漁師たちがキリスト教の信仰を守っていたことは、教えと暮らしが身近なそうした特質からかもしれない。実に興味深い。

②南蛮文化と魚

ヨーロッパの重要魚であったタラだが、日本では北洋漁業の代名詞ともなる魚で、マダラとスケトウダラが知られ、高価な魚ではないが食として重要魚である。日本人にもお馴染みのタラはヨーロッパ文化と深く関わっているし、日本的なものとして変質もしている。

日本海に面する秋田県の金浦神社で、毎年立春の二月四日に、タラの豊漁祈願の「鱈け魚祭り」、別名「タラ祭り」も催されている。地域に暮らす住民にとって幸をもたらす魚となっている。マダラは干しダラに加工され、保存食として重要視されてきた。

日本でも海から遠い内陸部の農村、山村、都会でも乾物屋で扱っていた干しダラは一般的なものである。干しダラをサトイモと一緒に炊き合わせる京都の「いもぼう」は良く知られる。金平糖、長崎名物のカステラ、天麩羅がスペイン、ポルトガルからやってきたのは知られているが、棒ダラもと聞いて驚く人も多いのではなかろうか。

確かに、スペイン、ポルトガル、イタリアなどで見かける干しダラは、日本で見る棒ダラとよく似ている。漁師達は獲ったタラを塩漬けにして港へと持ち帰った。いわゆる塩干しダラで、これが戦国時代にポルトガル人によって日本に伝わり、日本的な干しダラとなったとも言われる。また、このときにコロッケも入ったとされる。ポルトガルでは今も干しダラの身をほぐしたコロッケが良く知られているが、これは日本では聞かない。

ポルトガル人によって伝えられたとされる干しダラだが、これは一説であって、タラの利用は縄文時代まで遡るものだし、干しダラも室町時代の頃には利用されていたようである。だが、食として広く普及するようになったのは、やはり戦国時代からのようだ。

かつては、棒ダラは醤油で濃い口に煮て、農家などでは体力を消耗する農繁期にはよく食べていたものである。「こぶり」と称する、田仕事の合間のおやつには、おにぎりなどと共にこの棒ダラを煮込んだおかずが差し入れられた。

また、「たらおさ」と呼ばれる干しものも知られる。これはタラの身ではなくマダラの内臓、

アジの南蛮漬け

エラと胃が繋がったもので鱈胃と書き、干して乾燥させたもので、九州の筑後川流域、とくに大分県の日田盆地では盆前後に食べる習慣があり、珍味として知られる。

一見すると干し上がったミイラのようにも見えるものだが、これでも乾物屋に行けば堂々と販売されているれっきとした食材である。棒ダラと同じように煮つけて食べる。

もちろん、干しものはここ日田で作られるのではなく、遠く一六〇〇㎞も離れた北海道の稚内で作られている。だが稚内で食べられることはほとんどなく、その大半は日田で行事食として消費されている。

また、タラほど大形ではないが、日本にはポルトガル人が伝えたという料理がある。一般には少し小さめの小アジ、イワシなどを使い、タップリとした油で揚げた後、タマネギのスライスなどと

魚市場のヒメジ

共に砂糖、トウガラシを加えた酢に漬けたものである。

そのものずばりの「南蛮漬け」と呼ばれる。食べたことのある人はいるだろう。骨ごと食べることもできる。

名前、材料を考えたたけでも、大航海時代以後の産物であることが分かる。材料になる魚として、京都では、琵琶湖産の子アユを使ったりもしているが、長崎では、「ベニサシ」と呼んでいるヒメジを用いる。

ヒメジは日本ではあまり価値の高くない一般的な魚なのだが、地中海地域でとても愛されて高級な魚として知られる。フランスでは「ルージュ」という。つまり口紅色ということで、美しいピンクの魚である。日本でのタイの桜と同じ意味を持つ魚だが、こちらではタイよりもはるかに価値の高い魚である。

同じ色を愛でるが、違う魚であるのは互いの文化の差である。地中海世界で色を愛でる魚を港町長崎の「南蛮漬け」で使うというのは、伝わったことを示すものであろう。

いずれにしても、「南蛮漬け」はマリネが日本化したものであることを伝えている。

③魚の文化—タイとティラピアの共通性

キリスト教徒の習慣では、金曜日、それから復活祭前の四旬節の期間は、タマゴ、あるいは肉を食べなかった。かつてのカトリックのカレンダーには、金曜日には魚のマークが付いていた。ヨーロッパでは、金曜日はイエスが十字架に架けられた日であり、熱心な信者も多いドイツなどでは金曜日は魚屋が大いに賑わっている。

ヨーロッパのキリスト教徒にとっては、何といってもご馳走は丸焼きに代表される肉を食べることであった。その肉を食べずに質素な食という意味での魚食だ。

昭和三〇年代、佐賀県武雄市、イタリアのミラノからやってきた宣教師が金曜日の魚食の話をしたら、信徒たちは怪訝な顔をしたという。

キリスト教徒が島に多い九州では魚を食べるといっても驚かなかったかもしれないが、それでも魚は自分たちのために獲るのではなく、売るために獲っていたはずだ。内陸の農村地帯に暮らす古老から聞くように、一般にはイワシなどでも贅沢品であったし、煮干しで出汁をとる農家もけっして多くはなかった。

このように生活中で、質素な食事として魚食を勧めるのだから、怪訝な顔をする信者がいたのも無理からぬ話だ。訝るのも当然だろう。

ヨーロッパでは肉より魚が質素な食べ物かもしれないが、まず、肉を食べることはほとんどなく、沿海に暮らす人ならともかく、当時の日本では魚でさえめったに食べることのできない贅沢なハレの日のご馳走だったのである。そうした点から、金曜日はご馳走の日と思ったかもしれない。

それより前、パリ外国宣教会から日本にやってきたガルニエ神父は一八八五年来日し、長崎県の伊王島、上五島などの漁師なども暮らす離島の教会を経て、一八九二年から四九年間、熊本県の天草の大江教会にいた。

その間、北原白秋、与謝野鉄幹など旅をしてこの神父に出会ったことが、明治四五年に出版された『五足の靴』に登場している。

彼と会ったことのある神父からかつて聞いた話がある。彼は地元の天草の人たちと同じように食事もしていたという。塩、胡椒をしてバターでソテーしたものではなく、日本風に醤油で煮たものと思われる魚を黙々と食していたという。

今日とは違って、どちらの文化にしても大いなる隔たりがあった。

日本でも高級魚となると、人生の中でも特別な目出度い日を除いては、これはなかなか口に入るものではなかった。タイが愛でられ、フエフキダイのように種の違いを越えて多くの魚にタイの名が付く。それだけタイが重要で価値があるからということだろう。

そうした数ある・・タイの中に、「イズミダイ」、あるいは「杖立タイ」と呼ばれる魚がいる。この魚はティラピア、イスラエルでセント・ピーターズ・フィッシュである。これも日本で養殖し、タイとは違って淡水魚だが、タイの名を冠している。

タイの中のタイ、本家、タイの代表のマダイは日本人の愛する春の桜の色と似て、季節に「桜ダイ」と呼ばれる美しさもさることながら、ヒレの立派さも大いに影響し、見栄えも良い。今も高級魚、「魚の王」としてのタイの地位は揺るぎない。

日本人のタイを好む習慣というのは、かなり古いようだ。縄文時代の貝塚からは時代や地域を越えてマダイ、クロダイ、スズキの骨が多く出土することからもうかがえる。残骸には、頭蓋骨《とうがいこつ》の部分に刺突具のヤスを打ち込まれたと考えられる痕跡を残したものも出土し、当時の漁法を知ることができる貴重な資料となっている。

タイは基本的には深海魚なので、古来より産卵期などで浅海に上がってきたものを狙っていたのだろう。タイが近づく時期を把握していたのだ。

鎌倉時代の武士の間では、釣りは趣味としてステイタスを持っていたが、タイは釣り上げられたとき背ビレが立ってタテガミ（鬣）のように見えるので「棘鬣魚《たい》」とも書いた。釣り上げた時など、ヒレが大きく膨れ上がって威嚇しているように思える。鬣《たてがみ》と呼ぶ背ビレにタイのスリミをつけて焼き蒲鉾にしたので、「棘鬣魚」の名がついたともいわれる。

ヨーロッパ世界の騎士は漢字で書く場合、馬篇が付く。

日本でも上級武士、下級武士の違いはウマを持ち乗る事ができるかどうかであり、やはりウマは武士のステイタスであった、タテガミという場合、ウマのことを言う場合も多い。その点でタイはウマとの共通性もある。

江戸時代の武士の間では、贈答用にタイの干物が使われ、本膳にも尾頭付きのタイの焼き物が出された。婚礼の宴などのハレの席には、尾頭付きのタイの焼き物が定番だった。今もその伝統が残っている。

江戸時代の浮世絵師伊藤若冲（一七一六〜一八〇〇年）の「群魚図」には、海中で泳ぐ様々な魚たちの姿が描かれ，その中でタイは大きく鮮やかな桜色をしている。ヒレの付き方について多少の疑問はあるが、背ビレを含め、胸ビレ、腹ビレなど大きく目立つ。

魚の大きさを表現するのに「目の下三尺」という言葉がある。その意味は、頭を上にして魚を下げた状態での長さを言い、これで約一ｍとなる。「一生一代」という言葉に引っ掛けて結納のとき、酒一升とタイを相手に贈る地域もある。ここまで成長したものになると、確かに見栄えがして立派である。

宮中のハレの行事食として、タイの切り身の上に尾ビレを突き刺した料理がある。こちらは尾ビレが目立っている。

江戸時代に始まったという佐賀県の秋祭りである「唐津くんち」には、大きな飾りを持つ「曳山」と呼ばれる山車がある。飾りは「乾漆」という和紙を重ね張った上に漆を塗った技法で造られる。

唐津市の曳山

それぞれの町内ごとに・・番と名が付く一四台の曳山がある。

その中で、「五番曳山」が魚屋町のもので、神社にタイを奉納しており、一八四五年（弘化二年）にタイの飾りを持つ山車となった。桜色をし、背ビレを聳え立たせ、胸ビレを横に広げ、尾ビレが跳ね、やはりヒレがとても目立つ。

また、民間信仰にあるふくよかなお腹をした恵比寿様は各地域の港、あるいは農村にも見られるが、片方に釣竿、片方には魚を持つ。その魚は背ビレを立てた立派なタイで、やはり、タイは魚の代表となっている。何かペトロ像と似ているではなかろうか。

多々ある魚の中でタイは色合い、風格、味覚など様々な点で日本人のハレの意識を代表する魚であるのは確かであろう。

一神教の系譜のベースとなるユダヤ教では、ヒ

平戸市宝亀港のエビス像

レとウロコの無い魚は食用とするのを禁止とするということが知られるが、ヒレが目立たず、ウロコも分かりにくい、あるいは無い魚は実際魚らしく見えないのも事実であろう。

ティラピアと言う魚、アラビア語では「comb」、即ち「鶏冠」という意味でこの魚の発達した背ビレが似ていることからなのだ。

ヒレの発達した魚の内、どれを評価するかは別として、ヒレの発達した魚を高級な魚とするのは、世界中でどうも共通しているようだ。魚らしい魚と考えるのかもしれない。

やはり、魚のステイタス性には背ビレ、尾ビレを含めヒレが大きく影響している。地域は違えども、それがはっきりとした魚は確かにハレのものとしての地位を得る。

2 魚食文化と宗教理解

①親子丼と活き造り

ユダヤ教は戒律が厳しいことで知られる。だが、当たり前だが人によっても様々で厳格に守る人もいれば、あまり気にしない人もいる。それはイスラムでも同じである。ユダヤ教とイスラムはその点でもよく似ており、ユダヤ教の方がより細かい。キリスト教はこと宗教上の食の禁止ということには、今日あまりこだわりがないようだ。

イスラエルでエン・ゲブ遺跡の発掘調査が始まった一九九〇年からお世話になりご指導いただいていた地中海に面したテル・アヴィヴ大学のモッシュ・コハヴィ教授夫妻と、テル・アヴィヴ市内で食事をしたことがある。

ユダヤ教は血を食することはできないので、ステーキとはいうもののシチュー状かあるいはパサパサと焼きすぎたステーキが多い中で、ここのレストランは珍しく本格的なビーフステーキを出すことで知られ、赤身がしっかりと残るレアも出る。おまけにブタを使ったポークステーキもある。このお店で夫妻は仲良くシュリンプ、つまりエビ料理を注文していた。

エビのグリル

お二人はユダヤ教徒で、ウロコがないエビは、ユダヤ教の戒律に違反する食材である。気持ちを察してか、「これはコッシュ・シュリンプだから大丈夫」とエビ料理を実に美味しそうに召し上がっていた。お二人とも年季が入っている食べ方であった。「コッシュ」とはユダヤ教で食べることが可能な清浄ものをいう。何が「コッシュ・シュリンプ」なのだろうか。

いずれにしても解釈の問題であって、保守的な人は別としてある程度ファジーな部分はあり、それが一般的だ。タコは別として、イカ、カニ、エビなどを食べている人は多い。

ユダヤ教徒の場合は親子関係のものを一緒に摂ることはできないというものがある。厳格な家では料理するにあたり、それぞれ使う鍋、台所も使い分け、けっして混じらないようにしている。台所も二つあることになり、スペースも二倍必要に

サケとイクラの鮨

なるが、そうまでして、掟を守っている。

親子関係になるものは一緒に食べることができないというのは、日本人にはとても分かりづらいものだろう。親子関係となるとミルクと肉も一緒に料理はできないので、クリームシチュウ、乳製品のチーズと肉を使うチーズハンバーガーも同様となる。このことで、イスラエルでは問題になったことがある。

日本でのように表示に偽りということで騒ぎとなるのではなく、イスラエルで起きたことは、単にハンバーガーの中身にしかすぎないが、笑い話ではすまず、それこそ国をあげての大騒動となった。

日本では「親子丼」もあるし「他人丼」もある。「他人丼」は大丈夫かもしれないが、鶏肉と卵を使う「親子丼」などは名前もそのままで、彼らにとって言語道断なものの筆頭だろう。

フランシスコ・ザビエルが上陸した地ということで、像が近くに建つ関門海峡に面した山口県下関の唐戸市場内の店に、親子丼の変わりバージョンにサケとイクラを使った「いくら親子丼」が出ていた。この組み合わせは、下関だけではなくサケの産地ではごく一般的なようで、新潟県では「サケの親子丼」として、供されている。

確かに、いくらとサケの関係は親子になる。バラ鮨、あるいは一緒ではないが握り鮨にもこの組み合わせはある。そうしたものも食せない。

日本では、親子が上手く味を引き出すように作るのが親子丼のコツだと言うが、彼らに聞くと「親子を一緒に食べるとは可哀そう」というような言い方をする。言われると、こちらも微妙な気分となってしまう。

日本では、お腹にタマゴをもった魚は美味とされてきた。たとえば、タマゴがお腹に一杯に入って美味しい子持ちシシャモなども、ユダヤ人には同じくタブーものだろう。

かつてならともかく、資源を根こそぎ獲りつくす勢いで大量に漁獲し、食べるという今日の状況ならば、養殖ものは別として自然保護という観点から見た場合、制約を掛けることは意味があるかもしれない。

かつてイギリスの動物愛護協会からクレームがついた「エビの躍り食い」などの生きたまま食べるというのもいけない。これは無用な苦痛を与えて残酷ということだが、祈りをしながら苦痛を与えずに一気に殺したものしか食べられないというユダヤ教、イスラムにも同じで引っかかっ

解体ショーに供せられるマグロ

てしまう。

香川県の小豆島のとある店では「地獄焼き」といって、生きたタコを客のテーブルのガスコンロの上に載せた網の上において焼きあげる。

当たり前だが熱くて必死になって暴れるタコを客は押さえつけ、焼き上がったらブツ切りにして食べる。これまた凄まじい料理であろう。

それから考えようによっては、ピクピクと未だ断末魔のけいれんが続く「活き造り」も、彼らにとっては、煉獄にも等しい世界にも映るだろう。新鮮さを売り物にする店はでてきたものの、姿形の見えるこうした活き造りの店は西アジア、ヨーロッパなどにも未だないようである。

これらの料理は、本来は祭祀的なものから出たが、食している人たちにとってその意識はとっくにない。だが、規制とは別に、こうした食べ方が本来良いものなのかどうかと言った場合、考えさせられる。

最近は人寄せを狙ってか、市場、あるいは地域の店でマグロ一匹を包丁一本で捌き、集まった人々に売る「マグロの解体ショー」が盛んに催されている。

さすがにマグロは活き造りではなく、内臓を抜かれたものを使い、鮮やかで美しい見事な包丁捌きにも感心させられる。こうしたものが公衆の面前で行われ、人が集まるのも日本独特であろう。生きたマグロではないが、良く考えなくとも不思議な感じはする。

②食の規制を越えて—国際貢献するカニカマ

今、カニカマと言った場合、世界的にも通用するだろう。誰もカニの模造品とは思わないはずだ。魚のすり身を利用した製品だが、古くは竹輪、蒲鉾、ハンペンなどが上げられ、それぞれ材料となる魚は違っていた。

日本のカマボコも、今日ではスケトウダラを利用するのが一般的で共通性があるが、かつては地域特産の魚を利用して造っていた。

カマボコの起源では、ナマズは美味なのに姿形から食わず嫌いの人が多いので、すり身にして形が分からないように「竹輪蒲鉾」としたともいう。ユダヤ人の食利用の仕方と共通する。すり身なので形はなくなり、タブーをクリアできる。既に平安時代には造られていたようで、「練り製品」として知られる。

だが、すり身を使った日本特産の加工品で、今や世界的に広がった食品が、一九六三年（昭和

カニカマの握り鮨

三八年）に誕生し、今年二〇二〇年で誕生五七年になるという「カニカマ」である。日本語の「すり身」（surimi）も同じく通用している。

「カニカマ」は限りなくタラバガニの風味を再現したコピー商品だが、今日ではコピー商品というものを乗り越え、世界的に通用する。「カニカマ」もアメリカなどではごく自然に利用されている。

「カニカマ」は石川県で考案されたが、改良をし続け、最近のものは身が繊維状になっているなど限りなくカニに近い。それでも、日本ではコピー製品でイミテーションと考えられがちだが、アメリカでは日本以上に好まれている。

また、ヨーロッパ、アメリカだけではなく、アジアの国々の小さな街角の露店にも、「カニカマ」がごくふつうに鮨のネタとして広く使われているのをしばしば目にする。

かつてアメリカとヨーロッパを結ぶ飛行機会社

が、機内で提供する食事サーヴィスを競っていた時代、食事にタラバガニが供されるということで話題になった航空会社があった。省力化と合理化、大衆化が進んだ今とは違う頃の話だが、実際はタラバガニではなくタラのすり身で出来たカニカマを使ったものであった。

日本周辺でも島々を巡って国際的な軋轢が取り沙汰されているが、発端は天然ガスなどではなく漁業資源であった。他国と陸地で接していない日本では、国境というものを意識するのは海で生計を立てる人々なのである。

アメリカと日本の間でも、タラバガニを巡って漁業者の間で漁業紛争が勃発した。アメリカ人も、タラバガニを好む。荒れ狂うことも多い寒いオホーツクの海で漁場を開発してきた。が、アメリカのクレームにより規制が掛かった。

そうした中で開発したのが「カニカマ」で、これが市場に出てきたからアメリカは日本が不当にタラバガニ漁をしているのかと問題になった。だが、カニカマはスケトウダラを利用したすり身と分かり、今度はその技術を教えることを強要した。

天然ガス、石油などの海洋権益を巡って昨今国際間の軋轢が増しているが、近代に入って国に帰属する領海を巡って長い間沿岸三海里というのが慣習だった。これが大きく動くのは一九四五年、大陸棚にあった石油権益確保のためにアメリカが一二海里を宣言、その後各国が権益を守るために様々に主張してきた。

魚の資源を巡りアイスランドは四海里から一二海里、五〇海里と領海を広げ、当時の西ドイツ、イギリスとの間でも「タラ戦争」と呼ぶタラとニシンを巡る紛争が起きた。

これらの魚は国民生活にとっては無くてはならなかったために、国際問題となってもめた。それが今日では二〇〇海里となり、権益を守るためにここまで拡大されたのである。

いずれにしても、タラはヨーロッパ世界では人々の生活を支えるためになくてはならない重要な魚であったし、日本ではタラは北洋漁業を代表する魚となり、すり身を利用し、オリジナルの「カニカマ」となって世界に広がっていった。

最近では、地域的なものであるが、ウナギの稚魚を食べる習慣のあるスペイン、イタリアなどでは稚魚が手に入りにくくなったため、魚のすり身を使って味を似せたものを販売している。どんどんすり身の世界が広がりつつある。

また、味覚は少し違うかもしれないが、本来のブタ肉を利用したハム、ソーセージではなく日本には豊富にあった魚を利用した魚肉ソーセージもある。これもすり身を利用している。すり身の技術の延長としてこうしたものも生まれたのであろう。

今からだととても考えられないかもしれないが、最初はまだブタ肉などに比べて安価であったインドマグロ利用から始まったという。一九三五年（昭和一〇年）にハムが試作されて開発が進み、一九五一年に愛媛県八幡浜市で売り出され、大手の日本水産が戸畑で、大洋漁業が下関でそれぞれマグロを材料にソーセージを造って一挙に広まった。

魚肉ソーセージはメソポタミア文明のバビロンで紀元前一五〇〇年頃にイルカを使ったものが

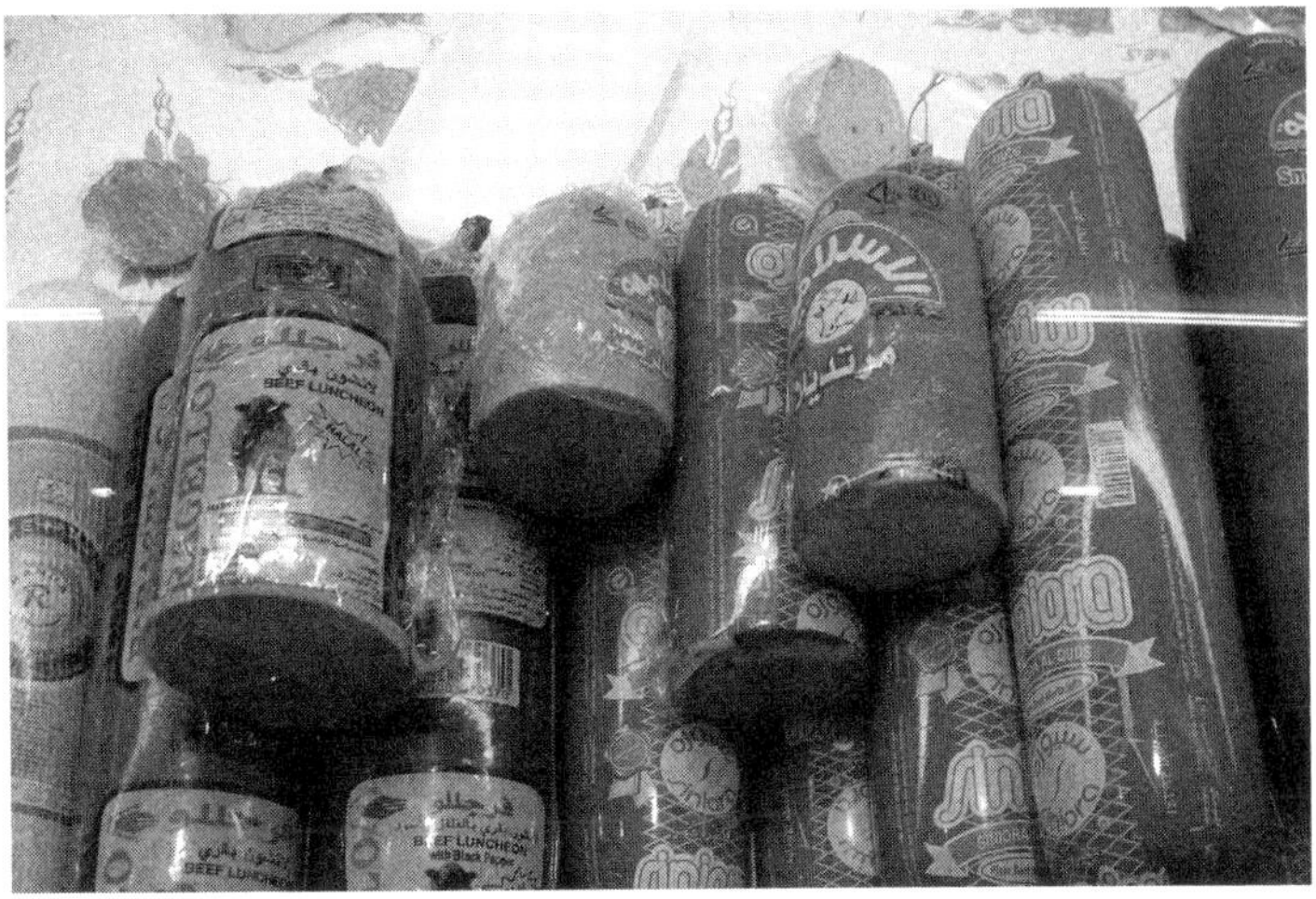

イスラム教徒用のソーセージなど

あり、後に古代ローマに伝わりソーセージの語源ともなったというが、今では日本のオリジナルの様相が強い。

昭和三〇年代には魚肉ソーセージはとても多かったが、ブタなどを使ったハム、ソーセージの普及によって次第に減少していた。最近は復活の兆しがあり、マーケットの特設コーナーなどでも目にする機会も多くなったし、テレビコマーシャルでも「おさかなのソーセージ」と銘打って流れていた。

時代は変わり、魚肉ソーセージも代用品としてのイメージを脱出し、材料は魚なのでヘルシーという独自性を得て再評価されてきたようだ。

食べられないブタの代わりにビーフ、七面鳥などを使ったハム、ソーセージをユダヤ教徒、イスラム教徒は食べているが、こうしたものにも魚肉利用のものは重宝されるだろう。

フィッシュソーセージ

日本も世界中から様々な魚を輸入し、貪欲に食している。マグロ、イカ、タコ、ウナギなども日本で大量に消費されているのである。

完全養殖が確立していないウナギ、とくに絶滅危惧種に指定されているニホンウナギは危機的状況となっている。

昨今の日本では、あまりのウナギの高さに、すり身を蒲焼きにして食感も似せたものを開発した。それから、ナマズを蒲焼きとして利用し、ある店では、ナマズならぬナスビをウナギの代用にするということも報道されていた。

ナマズならまだしも、魚とまったく違うナスビとは驚きの「代用ウナギ」だが、食感も極めて似ているという。

③食の広がり

広く世界を見渡しても、さまざまな事に対して宗教的なことで制約がかかり、程度の差はあっても守る人々がいることを理解することは、今日の日本人にとってはほとんど不可能に近いことではなかろうか。

「晴れ着」と「普段着」という言葉も死語になるように、生活する上でメリハリとなっていた「ハレ」と「ケ」の違いも消えつつある。死者を弔うため、魚、肉類を排除した仏事の精進料理でさえも美味しさの対象になり、精進明けも参列者の都合により、日を繰り上げて行うことは日常的だ。ご馳走という意味の、魚で代表された「尾頭付き」という言葉も死語になるかもしれない。

たかが食べ物とはいうが、これを素直に言えるのも日本ではないだろうか。しかし、たかが食べ物ではすまない国が世界には実に多い。宗教上の規制がいかに多いか考えても良いだろう。世界では宗教上食べられないものも実に多い。

ある意味で進取の気風に富んでいるということだろうが、貪欲に海外のものを取り入れるのも日本の特質であろう。たとえ海外のものであっても、そのままではなく自分たちの好みに合うように積極的に改良することにも長けている。

こうした特質もあろうか、日本発の様々なものが世界中に輸出され、現地でとても高い評価を受けている。その背景には、日本のもつ高い品質に対する信用、信頼、現地の諸事情に合わせたきめ細かな配慮をしてモノを造り、対応することが上げられる。

海外産の典型、珍品であったような、キャヴィアが獲れるチョウザメも、九州の霧島山麓の宮崎県小林市では昭和五八年からシロチョウザメの養殖が始まり、二〇〇四年には卵からの完全養

チョウザメ（宮崎県高千穂淡水水族館）

殖に成功している。

そして、卵巣からキャヴィア作りにも挑戦し、商品化した。また、卵巣を取り出した後の身も捨てることなく、刺身などの料理にしている。癖の無い淡白な味である。幾つか設けられている養魚池には、多くのチョウザメが泳いでいる。

最近、小林市だけでなく「調音の滝」のある福岡県うきは市など日本各地で村興しも兼ね、チョウザメを飼育し始めた。

キャヴィアだけではなく、イタリアのシチリアなどの特産品であったマグロのカラスミ「ボッタルガ」も、二〇一六年宮崎県の会社が商品化をし、イタリア料理店向けに出荷し出したという。

高級魚の代表であるマグロだが、アメリカではゲームフィッシングの代表のメキシコ湾のマグロも、ヨーロッパ地中海のマグロも、インド洋のマグロ、太平洋のマグロも遥々日本へと運ばれる。

今日ではマグロの中で最も高価なクロマグロの八〇％を日本で消費し、日本食の鮨の世界的な普及と共に、マグロもネタとしての需要が各地域に起きている。

高級魚のフグも養殖されているものが多いし、難しいとされたマグロも、最近は天然ものだけではなく、近畿大学などの努力によって養殖も増えてきている。資源に直接影響する貴重な天然マグロの卵巣も、こうした養殖ものを利用できるようになるかもしれない。二〇一八年には養殖マグロも輸出を開始するという。

その内、世界の高級品キャヴィアも、イタリアの地域的なものであったボッタルガも、日本特産ということになるかもしれない。

シイラは日本では高い魚ではないが、太平洋に浮かぶポリネシア中央部、ハワイ諸島では「マヒマヒ」と呼ばれる高級魚で、蒸し焼き、ムニエルなどにして大いに食される。

それにヒントを得たのか、シイラの漁獲の多い太平洋に面した高知県では、ハワイでの呼び名「マヒマヒ」の名を冠した「マヒマヒジャーキー」などの商品を開発し売り出そうとしている。彼の地での高級魚としてのブランド力を活用したいのであろう。

いずれにしても、様々な事に目を向けているのには驚かされる。

さて、食の足りた国では次は健康に関心が行く。世界的な健康ブームもあって、鮨を筆頭に日本食は高い評価を受け、健康的であり、彩も綺麗でかつ見た目も美しく、ファッショナブルなものとしての地位を築いている。

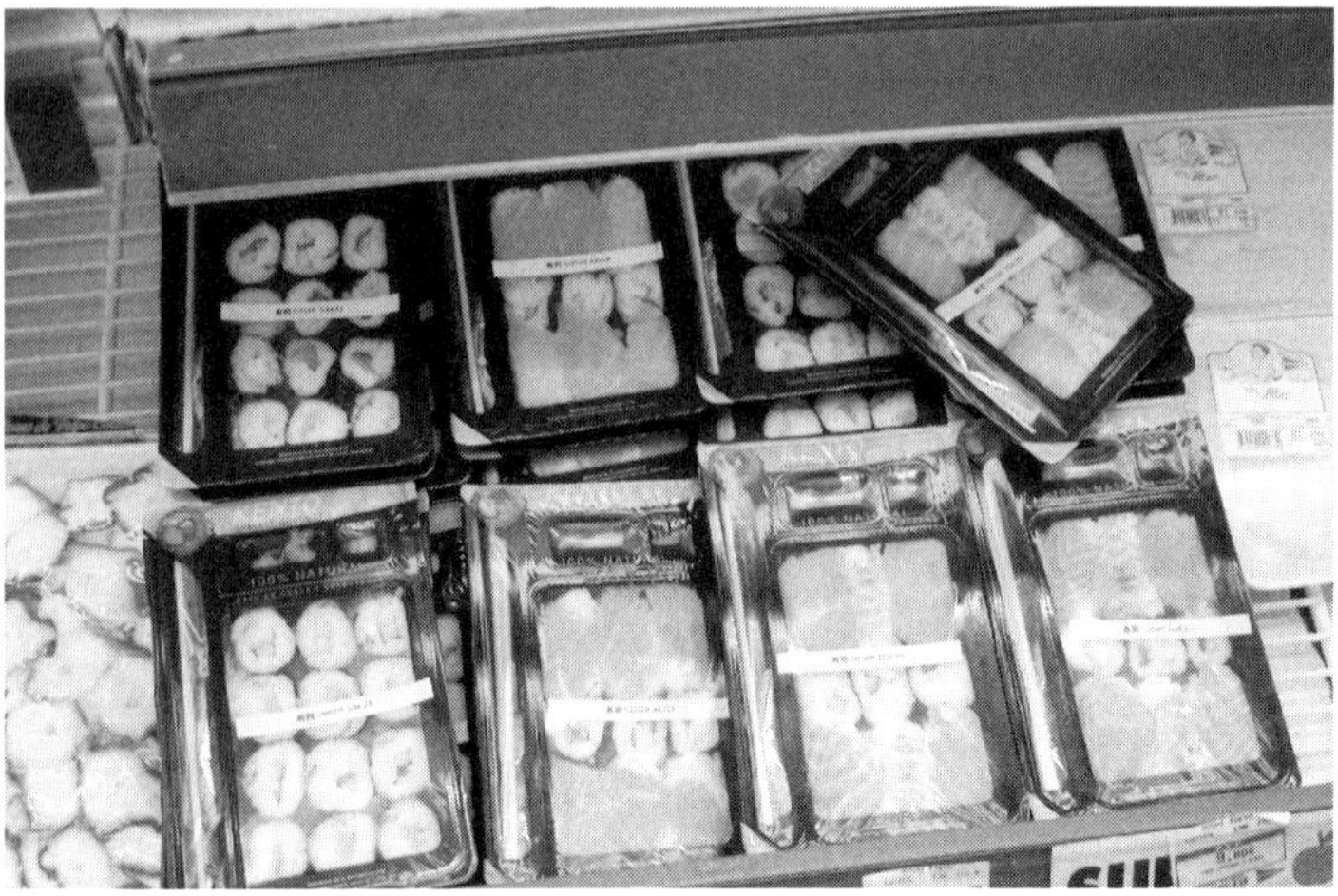

リスボンの総菜屋に並ぶ鮨

一部の魚は別として、肉に比べて貧しい、質素、安価な食べ物というイメージは次第に消えていき、必然的に魚の地位もかつてよりもずっと高くなっている。エビ、カニ、それからスズキなどの高級魚の利用もとても多くなってきた。シーフードレストランは今や高級店なのである。

実際、日本の鮨ネタも広く世界から求められ、従来は使わなかった深海魚もネタになってきた。魚の国際化は人の意識より早いかもしれない。

それから高級なものではなく、おやつというような日本では庶民の食べものの代表がタコ焼きであろうが、これも世界に広がっている。

日本の本場タコ焼きを運営する大手の企業は、二〇一六年一一月にU・A・E（アラブ首長国連邦）のドバイをはじめとしてクウェート、サウジアラビアなどの中東諸国にもフランチャイズ店を出店させるという計画を進めている。こうした国々にタコ焼きの店が進出するというのには驚かされる。

ドバイでは、たまたま出店していたこれも日本伝統の飴細工の店でタコの飴細工を作ったら、並み居るラクダなどの動物を差し押さえて地元の人々に大人気であったという記事が新聞に出ていた。

伝統的にラクダに対して特別な愛情を持っているはずのこの地域で、地元を代表するようなラクダではないというのが何やら不思議ではある。

だが、日本人である私たちが「月の砂漠・・・」のイメージからではないだろうが、ラクダに大いに惹かれるのと同じように、タコに、興味が大ありなのかもしれない。

暮らしの中で食べるものを選び、宗教的に食の規制がかかるのは、例えば一神教の系譜では、彼らの移動をし続けた遊牧生活を送るという中から衛生面、自然保護的な面からも意味があることかもしれない。

彼らは暑くて乾いた土地でヒツジ、ヤギなどを飼いながら移動する生活で物も少ない。ムギなどの穀物も水も大量にあるわけではない。限られた中で自分の身の回りのものを利用し、必要最小限のもので生き抜くという生活の中から生まれたのであろう。

もちろん、食の規制といっても食べない人に無理に食べてもらう必要もないが、創意工夫をしても何とか食べようとするのも文化ではないだろうか。

商業主義による消費が生み出す結果、すべてを乱獲しかねないという日本の悪い部分はあるが、まずは需要に合わせて各地域から好みに適う食材を求める。求めることができないならば代用品を開発する。創意工夫によって何とかするという融通性を持つのが日本文化の特質だ。周りの多様な環境の中にある多種多様なものを利用してきた歴史がそうさせるのだろう。

世界には様々な人々が暮らしている。魚を食べない人もいるかもしれないが、食の一つとして魚を食べる人もいる。単に魚を獲って食べるということに限っても、世界には様々な生き方、考えを持った人々がいて周りの環境を生かして自分たちに合った生活スタイルを造る。

それが、文化だが、そうした中に宗教もあって、魚食に関する様々な規制を持つ人も持たない人も、当然ながら長い歴史から生まれてきた生活スタイルを反映している。

魚を食べるということに関しても、日本の文化から生まれたものが、様々な宗教による制約を乗り越えられるかもしれない。大いにその点で平和貢献できよう。

おわりに

あまり馴染みがないかもしれないが、魚を獲って食べるということから地域を俯瞰しながら訪ねてみた。日本人にはとても馴染みのある魚食をキーワードにして宗教文化という精神世界に深く立ち入った。

最後に日本への繋がり、文化的な対応について触れてみた。比較文化論を目指したが、言葉足らずもあろうが、意図するところはご理解いただけたのではなかろうか。

同じ一神教の系譜に連なるが、遊牧民の生活から生まれたユダヤ教、イスラムに対してキリスト教は湖の宗教でもあった。そうした比較もしながら見ると、魚に対する見方も違っている。魚はそうした文化を理解するための、重要なもののひとつと成りえるのではなかろうか。

ヨーロッパ世界は別として、西アジアなどあまりなじみのない地名も多かったかもしれないが、こうして話を進めると、西アジアの世界とヨーロッパ世界というのが意外に深く関わっていることにも気づかれるに違いない。また、精神文化にもとても大きく影響しているのも理解できるだろう。

人にとって魚を獲って食べるということがいかに大きいものであるか。そしてそれに対する見方が地域によって違う。ただ、大きく違っていても、深い部分で共通性も見られる。そうした点を理解できるのではなかろうか。

今日に至るまで、機会あるごとに現地へ出かけ、考古学的資料と民族学的資料も合わせて見てきたつもりだが、各地域における漁撈関係の資料は極めて少ないのが実情である。少ない資料で検討し、あくまで概略的なものしか記せなかったかもしれない。当然不備は多いと思われる。ただ、現地の香りを感じていただけたら幸いである。

本文中でも記しているが、イスラエルの地はキリスト教世界でも重要な地であり、古くから日本語に訳されている文献も多い。

本書では、地名など一般的な日本語訳がある場合、従来の日本語名をそのまま使い、日本語訳がない場合は現地名で表記している。

資料収集にあたっては、実に多くの方々にご助力、ご協力をいただいた。本文中にも登場し、私に様々なご教示をいただいたイスラエルのキブツ・エンゲブのメンデルス・ヌン氏をはじめ、各国、各地域で忙しいにもかかわらず、資料提供、不躾な訪問、聞き取りなどご便宜を計っていただいた。漁の舟に乗せていただいたことも度々ある。ペトロの後裔とも言うべき漁師の方々、各機関を含め、すべての方々に深く感謝いたします。

私事だが、普段から遅筆に加え、今回、この本を上梓するに際し時間もずい分と掛かってしまった。

本来は私の一巡の年、そして新たなリセットと思って書き出し、まとめたものだが諸事も重なり進展が思うようにならなかったこともある。また、まとめはしたものの、浅学の身もあって足りなさも感じる。構成の章立てても章を越えて話が展開しているものもあり、お許しいただきたい。

振り返ってみても、岡崎敬先生をはじめとする諸先生方にはどちらかというと内向き閉鎖志向の私を受け入れ、外の世界に目を向ける大事さをお教えいただき数多くの学恩を受けてきました。それから暖かく多くの恵みを頂いた周りの方々のご助言、ご努力に感謝いたします。

また、とくに西アジアの地域は今日もなお様々な問題を抱えており紛争が止まないが、平安があらんことを祈ります。

また、小著を理解するための文献として、参考・関連文献を上げ、私の不備を埋めるためにも目を通していただければ幸いです。

参考・関連文献

（日本語、訳書はあいうえお順とする。それから、少なからぬ外国書もあるのだが、本書では割愛させていただいた。）


赤羽正春・二〇一五、『鱈《タラ》』ものと人間の文化史一七一、法政大学出版局：東京。

秋道智彌・二〇一九、『たたきの人類誌』、玉川大学出版局：東京。

デーヴィド・アレクサンダー他編／いのちのことば社出版部編集・一九七八、『カラー聖書ガイドブック』、いのちのことば社：東京。

家島彦一・一九八四、「チュニジア・ガーベス湾をめぐる漁撈文化」『イスラム世界の人々―四海上民』、東洋経済新報社：東京。

池田裕／横山匡・一九九三、『聖書の国の日常生活』一魚　アダムの青春と魚、教文館：東京。

石井美樹子・一九九一、『中世の食卓から』、筑摩書房：東京。

市川裕・二〇〇九、『ユダヤ教の歴史』宗教の世界史七、山川出版社：東京。

井上宗和・一九九一、『美食に関する一一章十人を喰った譚』、廣済堂出版：東京。

大島襄二編・一九七七・『魚と人と海』、日本放送出版協会：東京。

大林太良・一九九三、『海の神話』、講談社：東京。

大森徹・一九九三、『まぐろ随談』、成山堂書店：東京。

岡田明子／小林登志子・二〇〇八、『シュメル神話の世界』、中央公論新社：東京。

岡部明子・二〇一〇、『バルセロナ　地中海都市の歴史と文化』、中央公論新社：東京。

小川英雄・一九八九、『イスラエル考古学研究』、山本書店：東京。

越智敏之・二〇一四、『魚で始まる世界史　ニシンとタラとヨーロッパ』、平凡社：東京。

オリエント博物館編・二〇〇九、『古代オリエントの世界』、山川出版社：東京。

鹿島茂・二〇〇二、『フランス歳時記』、中央公論社：東京。

河井智康・一九九三、『大衆魚のふしぎ』、講談社：東京。

片倉もとこ・一九九五、『「移動文化」考　イスラム世界をたずねて』、日本経済新聞社：東京。

共同訳聖書実行委員会編・一九八八、『聖書　新共同訳―旧約聖書続編つき』、日本聖書協会：東京。

ホルスト・クレンゲル／江上波夫・五味亨訳、一九八〇、『古代バビロニアの歴史』、山川出版社：東京。

河野友美・一九九〇、『食味往来』、中央公論社：東京。

木谷浩・二〇一一、『コインの水族館』、成山堂書店：東京。

研究代表者月本昭男・二〇〇〇、『イスラエル国ガリラヤ湖周辺の宗教文化についての総合研究』、平成一〇～一一年度文部省科学研究費補助金基盤研究（A）(二)研究成果報告書：東京。

小林登志子・二〇一五、『文明の誕生』、中央公論新社：東京。

小森厚・一九九二、『聖書の中の動物たち』、日本基督教団出版局：東京。

グレン・E・マーコウ／片山陽子・二〇〇七、『フェニキア人』、創元社：東京。

マドレーヌ・P・コズマン／加藤恭子・平野加代子訳・一九八九、『中世の饗宴』、原書房：東京。

酒井啓子・二〇〇八、『イラクは食べる―革命と日常の風景』、岩波書店：東京
佐々木達夫／佐々木花江・二〇〇八、「コールファッカンの砦と町跡の発掘調査概要」『金沢大学考古学紀要』第二九号：金沢。

篠崎晃雄・一九九三、『おもしろいサカナの雑学事典』、新人物往来社：東京。

ルート・シルキス・二〇〇〇、『人気料理　イスラエル二〇〇〇』、Sirklis Publishers Ltd : Ramat-Gan.

リチャード・シャヴァイド／梶山あゆみ訳・二〇〇五、『ウナギのふしぎ』、日本経済新聞社：東京。

末廣恭雄・一九八五、『とっておきの魚の話』、河出書房新社：東京。

杉山二郎／山崎幹夫／坂口昌明・一九九〇、『真珠の文化史』、学生社：東京。

鈴木薫・一九九五、『食はイスタンブールにあり』、ＮＴＴ出版：東京。

ウィルフレッド・セシンジャー／白須英子訳・二〇〇九、『湿原のアラブ人』、白水社：東京。

高橋正男・一九九〇、『旧約聖書の世界』、時事通信社：東京。

多紀保彦／武田正倫／近江卓ほか・一九九九、『食材魚貝大百科』１エビ・カニ類＋魚類、平凡社：東京。

多紀保彦／武田正倫／近江卓・一九九九、『食材魚貝大百科』２貝類＋魚類、平凡社：東京。

多紀保彦／武田正倫／近江卓・二〇〇〇、『食材魚貝大百科』３イカ・タコ類＋魚類、平凡社：東京。

多紀保彦／近江卓・二〇〇〇、『食材魚貝大百科』４海草類＋魚類＋海獣類ほか、平凡社：東京。

田口一夫・二〇〇二、『ニシンが築いた国オランダ』、成山堂書店：東京。

丹下和彦・二〇一二、『食べるギリシア人』、岩波書店：東京。

塚田孝雄・一九九一、『シーザーの晩餐　西洋古代飲食綺譚』、時事通信社：東京。

塚本勝巳・一九九三、「謎のルーツと大回遊　ウナギ」、『動物たちの地球』八七、朝日新聞社：東京。

月本昭男・一九九四、『目で見る　聖書の時代』、日本基督教団出版局：東京。

月本昭男他編・二〇〇九、『エン・ゲブ遺跡』、ＬＩＴＨＯＮ：東京。

日本の食生活全集長崎編集委員会・一九八五、『聞き書き　長崎の食事』、農山漁村文化協会：東京。

中村幸昭・一九八六、『マグロは時速一六〇キロで泳ぐ』、ＰＨＰ研究所：東京。

長辻象平・二〇〇三、『釣魚をめぐる博物誌』、角川書店：東京。

ＮＨＫ海外取材班・一九六八、『ナイル』、日本放送出版教会：東京。

浜村順・一九六四、『ヴィーナス』、社会思想社：東京。

平井明夫・二〇〇三、『魚の卵のはなし』、成山堂書店：東京。

平川敬治・一九九〇、「旧約聖書時代の遺跡エン・ゲブについて」『浄水通カトリック教会だより』：福岡。

平川敬治・一九九一、「聖書と遺跡　人類最古の都市エリコ」『浄水通カトリック教会だより　心の泉』：福岡。

平川敬治・一九九一、「イスラエルの人々　ペトロの後裔」『浄水通カトリック教会　だより　心の泉』：福岡。

平川敬治・一九九一、「聖書と考古学」『浄水通カトリック教会だより　心の泉』：福岡。

平川敬治・一九九六、「オリエントのフィールドノートから―食のタブーの起源に思うこと」『地域文化研究所紀要』第一一号、梅光女学院大学：下関。

平川敬治・二〇〇一、『カミと食と生業の文化誌』、創文社：福岡。

平川敬治・二〇〇七、「聖書考古学のお話」『カトリック西新教会だより　ともに』：福岡。

平川敬治・二〇〇七、「聖書考古学のお話(二)」『カトリック西新教会だより　ともに』：福岡。

平川敬治・二〇〇八、「イスラエル　ガリラヤ（キネレット）湖を中心とする漁撈活動の歴史的展開」『九州と東アジアの考古学』、九州大学五〇周年記念論文集刊行会：福岡。

平川敬治・二〇一一、『魚と人をめぐる文化史』、弦書房：福岡。

平川敬治・二〇一一、「魚と肉、米と麦～東西文化が交差する海峡の街イスタンブール」『鍼灸』一〇三、森ノ宮医療学園出版部：大阪。

平川敬治・二〇一二、『タコと日本人―獲る、食べる、祀る』、弦書房：福岡。

平本紀久雄・一九九六、『イワシの自然誌』、中央公論社：東京。

藤縄謙三・一九七一、『ギリシア神話の世界観』、新潮社：東京。

フランシスコ会聖書研究所訳注・一九五八、『聖書　原文校訂による口語訳　創世記』、フランシスコ会聖書研究所：東京。

フランシスコ会聖書研究所訳注・一九五九、『聖書　原文校訂による口語訳　レビ記』、フランシスコ会聖書研究所：東京。

ゲルハルト・ヘルム／関楠生訳・一九九二、『フェニキア人』、河出書房新社：東京。

松井魁・一九七一、『うなぎの本』、丸の内出版：東京。

牧野久美・一九九五、「ヘレニズム時代のエン・ゲブとその周辺―人の営みと湖」『史学』六五、三田史学会：東京。

門田修／竹沢尚一郎・一九八三、「アフリカの川漁師」『民族学』二三、民族学振興会千里事務局：吹田。

三宅眞・一九九一、『世界の魚食文化考』、中央公論社：東京。

山内昶・一九九四、『「食」の歴史人類学』、人文書院：京都。

山内昶・一九九六、『タブーの謎を解く』、筑摩書房：東京。

湯浅赳男・二〇〇二、『フランス料理を料理する』、洋泉社：東京。

結城了悟・一九九三、『ザビエル』、聖母の騎士社：長崎。

吉村作治・一九七六、『エジプト史を掘る』、日本放送出版協会：東京。

吉村作治・一九九二、『ファラオの食卓』、小学館：東京。

ハミードッラー／黒田美代子訳・二〇〇〇、『イスラーム概説』、ダ・ワーアカデミー：イスラマバード
渡辺金一／松木栄三・一九八四、「エーゲ海コス島の村人たち」『イスラム世界の人々 - 四　海上民』、東洋経済新報社：東京。

山田篤美・二〇一三、『真珠の世界史』、中央公論新社：東京。

ジャック・バロー／山内昶訳・一九九七、『食の文化史』、筑摩書房：東京。

ジョフレー・ビビー／矢島文夫・二見史郎訳・一九七五、『未知の古代文明ディルムン』、平凡社：東京。

ヴォルフガング・デッカー／津山拓也訳・一九九五、『古代エジプトの遊びとスポーツ』、法政大学出版局：東京。

〈著者紹介〉
平川　敬治（ひらかわ・けいじ）
1955 年福岡生まれ。九州大学教育研究センター講師の他、社会人生涯学習講座の講師などを歴任。考古学・地理学・民族学を専攻し、必ず自ら足を運ぶことをモットーに地域の香りのする総合的な比較文化の構築を目指す。主なフィールドは日本を含めた東アジア、西アジア、ヨーロッパで今日も調査を続行中。1983 年よりイスラエルで調査を続ける。主な著書に『考古学による日本歴史』（共著、雄山閣出版、1996 年）、『カミと食と生業の文化誌』（創文社、2001）、『遠い空　國分直一、人と学問』（共編海鳥社、2006）、『エン・ゲブ遺跡』（共著、LITHON、2009）、『魚と人をめぐる文化史』（弦書房、2011）、『タコと日本人』（弦書房、2012）など。

魚食から文化を知る
—ユダヤ教、キリスト教、
イスラム文化と日本—

定価（本体 1800 円＋税）

乱丁・落丁はお取り替えします。

2020年12月15日初版第1刷発行
2021年 3月28日初版第2刷印刷
著　者　平川敬治
発行者　百瀬精一
発行所　鳥影社 (choeisha.com)
〒160-0023 東京都新宿区西新宿3-5-12トーカン新宿7F
電話 03-5948-6470, FAX 0120-586-771
〒392-0012 長野県諏訪市四賀229-1(本社・編集室)
電話 0266-53-2903, FAX 0266-58-6771
印刷・製本　モリモト印刷

ISBN 978-4-86265-852-4 C0022